我国小学生思想道德教育中的国学教育研究

何成银　著

北京大学出版社
PEKING UNIVERSITY PRESS

图书在版编目（CIP）数据

我国小学生思想道德教育中的国学教育研究/何成银著．—北京：北京大学出版社，2011.5

ISBN 978-7-301-18725-8

Ⅰ.①我…　Ⅱ.①何…　Ⅲ.①国学—教学研究—小学　Ⅳ.①G623.202

中国版本图书馆 CIP 数据核字（2011）第 055894 号

书　　　名：我国小学生思想道德教育中的国学教育研究

著作责任者：何成银　著

责 任 编 辑：赵学敏

标 准 书 号：ISBN 978-7-301-18725-8/G·3097

出 版 发 行：北京大学出版社（北京市海淀区成府路 205 号　100871）

网　　　址：http://www.pup.cn

电 子 信 箱：zyjy@pup.cn

电　　　话：邮购部 62752015　发行部 62750672　编辑部 62754934　出版部 62754962

印　刷　者：三河市富华印装厂

经　销　者：新华书店

720 毫米×1020 毫米　1/16　13 印张　226 千字

2011 年 5 月第 1 版　2011 年 5 月第 1 次印刷

定　　　价：28.00 元

序

西南大学党委书记、教授、博士生导师　黄蓉生

《我国小学生思想道德教育中的国学教育研究》是作者在博士论文基础上丰富完善的一部著作。该著作聚焦于探讨小学生思想道德教育中的国学教育这一未成年人思想道德建设中的根本性时代课题。加强和改进未成年人思想道德建设，意义重大。2004年，中共中央国务院下发了《关于进一步加强和改进未成年人思想道德建设的若干意见》，明确提出加强和改进未成年人思想道德建设要扎实推进中小学思想道德教育，贯彻党的教育方针，把德育工作摆在素质教育的首要位置，贯穿于教育教学的各个环节，把弘扬和培育民族精神作为思想道德建设重要任务，纳入中小学教育的全过程，要突出传统美德教育，注重传统文化的育德功能。作者着眼于贯彻和落实《意见》精神，推动未成年人思想道德建设的实践发展，选择研究小学生思想道德教育中的国学教育，很好地回应了进一步加强和改进未成年人思想道德建设的实践需要，具有鲜明的时代感。

著作运用马克思主义的基本立场、观点和方法论述了小学生思想道德教育中国学教育的理论基础、实践依据、教育目标、教育原则、主要内容、途径方法、考核评价等系列问题，彰显出以下特色。其一，视角新颖。著作立足思想政治教育学科视域，紧密结合当今时代特征和当代小学生思想道德教育实际，从思想道德教育的视角探讨国学教育，对融国学教育于小学生思想道德教育中、以国学教育强化小学生思想道德教育做了系统研究，在研究视角上不同于对国学教育的一般探讨，也有别于对思想道德教育的传统研究。其二，

植根实践。作者长期从事中小学管理工作，始终坚持德育为先，钟情于通过基础教育领域的国学教育实践丰富学生的思想道德教育，推动并形成了所在区域的“国学江北”工程；承担了全国教育科学“十一五”规划课题“区域推进中小学国学教育的实践研究”，推动中小学思想道德教育发展做了大量实践探索，该著作的研究正是以此为实践基础。其三，观点鲜明。著作紧扣小学生思想道德教育中的国学教育研究主题，提出了不少独创性见解，比如，小学生国学教育内容主要包括孝、诚、信、礼、廉、耻、义、勇、忠等，孝、诚、信等是小学生人之为人的基本准则，礼、廉、耻等是小学生完善德性的关键，义、勇、忠等是小学生担当使命的核心，这些反映了作者积极的理论思考。其四，富有创新。著作尝试建构了小学生思想道德教育中国学教育的实施体系，提出了课程化、区域化推进小学生思想道德教育中国学教育的实践模型，这些体现了对小学生思想道德教育实践的有益探索。

国学教育是一个宏大的研究课题，探讨国学教育，尤其是把它放在小学生思想道德教育的视角下探讨，无疑是一个具有相当难度的研究选题，这一研究对于研究者的理论素养和实践准备提出了比较高的要求。况且，理论界，尤其是思想政治教育论界，对这一问题的研究不多，可资借鉴的研究成果十分有限。作者以此作为博士学位论文题目研究是富有挑战性的。作者以坚毅决心直面这一研究课题，表现出了勇于挑战、敢于探索、大胆创新的可贵精神。博士论文完成后，作者又对论文做出了进一步的修改和完善，如今付梓出版，作为导师由衷地表示祝贺！

中小学思想道德教育是未成年人思想道德建设的重点所在，小学生思想道德教育中的国学教育，需要广大理论工作者和教育工作者作深入研究和实践探索。《我国小学生思想道德教育中的国学教育研究》是在此前沿阵地上的一次成功探索与尝试，她的出版，相信将对我国思想政治教育理论研究产生积极的影响。

内容简介

本著作是作者攻读西南大学政治与公共管理学院黄蓉生教授的思想政治教育专业博士所撰写的毕业论文修改润色而成，也是全国教育科学“十一五”规划课题“区域推进中小学国学教育的实践研究”课题成果之一。

小学生思想道德教育作为义务教育阶段的重要内容，历来受到各级政府和学校的高度重视。传统美德和民族文化作为中华民族的悠久历史积淀和瑰宝，承载着十分重要的思想道德教育功能，具有重要教育意义。承继源远流长的传统文化，充分发扬传统美德，使小学生习获优秀中华文明成果，有助于促进小学生良好思想道德发展，强化小学生思想道德教育。让小学生亲近母语，传承优秀的中华文化传统，强化民族认同感，弘扬爱国精神，是新时期新形势下加强小学生思想道德教育的重要途径，具有重要现实意义。加强小学生思想道德教育中的国学教育研究，有助于丰富新时期小学生思想道德教育内涵，拓展小学生思想道德教育视域，提高小学生思想道德教育实效。本书坚持马克思主义立场、观点和方法，立足思想政治教育学科视域，紧密结合当今时代特征和当代小学生思想实际，对融国学教育于小学生思想道德教育、以国学教育强化小学生思想道德教育作了系统研究。

本书内容具体如下。

导论：阐明了选题缘由和研究意义，系统梳理了当前学术界的有关研究成果，明确了研究的基本内容和主要方法，厘定了论题的核心范畴和重要概念。

第一章：明确小学生思想道德教育中国学教育的理论基础和实践依据。马克思主义关于人的全面发展理论、中国化马克思主义理论关于继承中华民族优秀文化的论述，为小学生思想道德教育中的国学教育奠定了坚实的理论基础；当前国内小学生思想道德教育中国学教育的已有实践，为小学生思想道德教育中国学教育提供了良好的实践依据。

第二章：阐述小学生思想道德教育中国学教育的目标与原则。统一于促进小学生思想道德良好发展目标前提下，进一步明晰小学生思想道德教育中国学教育的具体目标，明确了为促成这一目标实现所应遵循的基本原则。

第三章：厘定小学生思想道德教育中国学教育的主要内容。立足于小学生思想道德教育中国学教育的现实实践，揭示小学生思想道德教育中国学教育的内容构成。

第四章：明晰小学生思想道德教育中国学教育的途径与方法。着眼于小学生思想道德教育中国学教育的具体实施，明确小学生思想道德教育中国学教育的基本途径和主要方法。

第五章：确立小学生思想道德教育中国学教育的现实评价。明确小学生思想道德教育中国学教育评价的重要功能，揭示小学生思想道德教育中国学教育评价的主要内容，明确小学生思想道德教育中国学教育评价的基本原则。

目录

导 论

加强小学生思想道德教育中的国学教育研究，融国学教育于小学生思想道德教育全过程，以国学教育强化小学生思想道德教育效果，提升小学生思想道德素质，促进小学生全面发展，是新时期新形势下我国基础教育面临的一个重要的时代性课题，对于实现中华民族伟大复兴、培养中国特色社会主义事业建设者和接班人具有重要意义。

一、选题缘由和研究的意义

在新时期新形势下，加强小学生思想道德教育中的国学教育关系深远、意义重大，既是一项长远的战略任务，又是一项紧迫的现实任务。

（一）选题的缘由

1. 提升小学生思想道德素质是初等教育的重要任务

党的第十七次全国代表大会把我国的教育方针进一步明确地表述为："坚持育人为本、德育为先，实施素质教育，提高教育现代化水平，培养德智体美全面发展的社会主义建设者和接班人，办好人民满意的教育。"[①] 德育为先，意味着提升教育对象的思想道德素质

① 胡锦涛．高举中国特色社会主义伟大旗帜 为夺取全面建设小康社会新胜利而奋斗．《人民日报》，2007-10-25（3）．

始终是各级各类学校的重要任务。对于初等教育而言，教育的目的不仅在于增长小学生的科学文化知识，还在于提升小学生的思想道德素质。

在某种意义上，初等教育承担着对小学生真正启蒙的重任，相对于学前教育的启蒙作用而言，初等教育的启蒙作用更为系统和全面，是小学生学习做人、做事的根本奠基。学前教育为小学生接受系统全面的教育做了基础性准备，而小学生真正接受教育肇始于初等教育阶段。学前教育阶段，教育对象尚未具备完全的学习意识，从生理角度而言其学习能力亦尚未健全，因而学前教育虽十分重要，却仍然需要初等教育予以承继和拓展，以帮助教育对象逐步适应基本的学习方式，掌握必需的知识基础，为其进一步成长为合格的社会成员准备条件。

作为学前教育的延续和拓展，初等教育着眼于塑造全面发展的教育对象，为小学生的健康成长提供良好保障。初等教育既要教授小学生基本的科学文化知识，使他们习获人类文明的优秀文化成果，学会适应人类社会生活的基本技能，又要培育小学生必要的思想道德素质，使他们形成有助于人类社会群体性生活的善良道德品性，从而更好地与自我之外的他人相处。由此，小学生思想道德教育是初等教育的重要内容和必要部分，提升小学生思想道德素质是初等教育的重要任务。

2. 国学承载着思想道德教育的重要职能

国学蕴涵着中华民族源远流长的优秀传统文化精华，承载着思想道德教育的重要职能，对于提升小学生思想道德素质、培育小学生善良道德品性具有十分重要的作用。

小学生思想道德教育素质的培养，离不开中华民族优秀传统文化的熏陶，蕴涵着中华民族优秀传统文化精华的国学，对于加强小学生思想道德教育、培育小学生良好思想道德意义重大。中华民族素有自强不息、厚德载物的民族精神。文以载道，中国传统文化源远流长，籍册丰富，国学经典是中华民族精神的重要载体。国学经典中有哲学、历史、德性、美学等，蕴蓄着无尽的宝藏，是中华民族之魂，涵储着中国人文精神的基因，是构筑民族精神的支柱，是当代中国走向现代文明的不朽起点。

中国作为礼仪之邦，其国学不仅蕴藏着五千年中华民族精神，而且蕴涵丰富的思想道德教育资源，对于丰富当代小学生思想道德教育资源、拓展小学生思想道德教育渠道、夯实小学生思想道德教育根基具有重要作用。小学生处在逐步成长的过程中，其思想道德具有很强的可塑性，国学中的优秀传统文化是这种可塑性的基础内涵。融国学教育于小学生思想道德教育全过程，依凭国学教育以提升小学生思想道德素质，对于促进小学生健康成长具有重要作用。小学生诵读经典古诗文，接受民族文化的熏陶，从优秀传统文化中汲取营养，能为他们树立正确的世界观、人生观、价值观奠定良好的基础，有助于他们将来积极完善自身人格修养、提高个人文化品位，自觉承担起传承中华文明、弘扬民族精神、推动社会发展的重任。

3. 加强小学生思想道德教育中的国学教育事关中华民族伟大复兴

随着经济全球化的日趋发展，当前大量西方文化思潮急剧涌入国内，西方文化对小学生的影响愈加明显。传承中华民族优秀传统文化，加强国学教育，成为当前小学生社会主义思想道德教育的重要内容，事关中华民族伟大复兴。

在全球化趋势日趋深化的今天，不同国家、地区、社会集团、社会阶层之间交流与合作不断增强，全球化与地区化、本土化产生了复杂互动，如何积极融入世界发展大潮又积极保持本国特色，如何让小学生接受全面时代教育的同时又不失民族教育，成为当前小学生思想道德教育面临的重要课题。全球化趋势愈加明显，愈是凸显了加强小学生思想道德教育中国学教育的重要性与紧迫性。

党的第十六次全国代表大会明确提出培育和弘扬民族精神，凸显了小学生传统文化教育，尤其是国学教育在当代社会主义先进文化建设中的重要意义。2004 年 3 月 30 日，中宣部、教育部共同颁布了《中小学开展弘扬和培育民族精神教育实施纲要》，明确强调新时期新形势下基础教育应大力加强传统文化教育，着力塑造中小学生民族精神，对当前加强中小学生传统文化教育做出重要部署。2004 年 2 月 26 日，中共中央国务院颁布《关于进一步加强和改进未成年人思想道德建设的若干意见》，指出当前加强和改进未成年人思想道德建设的基本任务是从增强爱国情感做起，弘扬和培育以爱国主义为核心的伟大民族精神。教育引导小学生传承中华民族传统美德，培育民族精神，成为新时期新形势下加强和改进小学生思想道德建设的一项重要任务。

开展小学生思想道德教育中的国学教育研究，以中华传统文化为切入点，以国学教育为抓手，在尊重小学生思想品德成长规律的基础上，把丰富的国学教育资源与小学生思想道德教育相结合，着力改进和完善小学生思想道德教育，提升小学生思想道德素质，使小学生真正习获国学中的良好道德品性，进一步继承和发扬中华民族优秀传统文化，着力弘扬和培育小学生的民族精神，对于促进小学生健康成长、实现中华民族伟大复兴意义重大。

（二）研究的意义

加强小学生思想道德教育中的国学教育研究，既是深化小学生思想道德教育理论研究的需要，又是提升小学生思想道德教育实际效果的需要，对于推进当前小学生思想道德教育实际工作具有重要意义。

1. 丰富小学生思想道德教育内涵

当前小学生思想道德教育工作存在一些不适应的地方和亟待加强的薄弱环节。总体而言，全社会关心和支持小学生思想道德教育的风气尚未形成；学校教育中重智育轻德育、重课堂教学轻社会实践的现象依然存在；随着新形势下人员流动性的加大，一些家庭在实施小学生思想道德教育方面的作用不力，给小学生思想道德教育带来了新的问题。此外，小学生思想道德教育在体制机制、思想观念、内容形式、方法手段、队伍建设、经费投入、政策措施等方面还存在一些与时代要求不相适应的方面和环节，进一步加强和改进小学生思想道德教育成为当前初等教育亟待解决的紧迫任务。开展小学生思想道德教育中的国学教育研究，以国学教育深化和推进小学生思想道德教育，有助于丰富小学生思想道德教育内涵。

随着我国对内改革的进一步深化和对外开放的进一步扩大，既为小学生了解世界、增长知识、开阔视野提供了愈为有利的条件，同时也向小学生思想道德教育提出了严峻挑战。改革开放后国外社会思潮大肆涌入，资本主义国家一些腐朽没落的生活方式对小学生的影响不可低估，西方国家的价值观念对小学生的冲击不可忽视。

思想道德是人类的文化创造，其发展必然伴随和促进文化的发展，优秀文化（包括传统文化和现代文化）是思想道德之“根”。人作为社会之人，为了生活得更美好，必须处理好各种关系，其中包括制定和遵守各种道德规范。这个过程及其产生的结果即是文化的体现。思想道德作为文化的核心组成，对文化的发展有着重要影响；先进文化作为人类实践的产物，是人类文明进步的结晶，也是人类道德水平提高的重要标志。因此，应从文化的角度审视评价思想道德现象和实施思想道德教育。优秀文化传统中蕴涵着社会的永恒价值，使其成为宝贵的德育资源；优秀现代文化标志着社会的发展方向，使得与其紧密相连的德育具有时代气息和生命力。社会主义精神文明的许多要求和规范，都可以在我国文化传统中找到它们的历史渊源。在几千年的历史发展中，这些优秀的文化传统造就了无数的道德楷模和典范事例，有着极为强大的生命力，成为中华民族极为珍贵的财富。因此，要把弘扬优秀文化传统作为新时期加强小学生道德教育的一个重要切入点，从中华民族的文化精髓中吸取营养，丰富小学生思想道德教育内涵，努力培养造就一代优秀人才。

2. 拓展小学生思想道德教育视域

文化的全球化是造成国人对中华传统文化认同危机的重要原因。发达资本主义国家经济上的优势形成了政治、文化上的强势。据有关资料表明：美国提供给世界的网上信息占总量的80%以上，而我国的网络信息输出量仅占全球互联网总流量的0.05%。西方文化正逐渐改变着我们的生活方式和价值观念。崇拜西方、向往西方尽管只是部分中国人的思想观念和价值取向，但这也从一定程度上表明了，全球化侵蚀了人们的爱国主义情感。价值的迷失带来了文化焦虑，如果青少年一代过分崇拜外国的思想和文化，便会看不起中国的传统文化，对祖国的前途就会缺乏信心。

传统经典的疏离，同样是造成国人对中华传统文化认同危机的重要原因之一。赫钦斯在强调经典教育的重要性时曾强调，要破坏西方独立思考的传统，并不需要焚毁书籍，只要两个世代不去读它们就可以做到。近代以来，由于中国落后与列强欺凌，处于屈辱地位的国民在愤激之余，产生了对民族文化与传统的偏激心态。自1921年开始，当时的国民政府把西方文化作为治国之本，废除了小学“读经科”。从此，中国的教育体系中没有了中华传统启蒙经典教育。于是，一些优秀的中华传统启蒙经典渐渐地就被许多人遗忘乃至抛弃了。今天的基础教育体系，对于传统启蒙经典的阅读和了解几近空缺。

1995年3月在第八届全国政协会议上，赵朴初、叶至善、冰心、曹禺、启功、张志公、夏衍、陈荒煤、吴冷西等九位德高望重的全国政协委员以 016 号正式提案的形式，发出《建立幼年古典学校的紧急呼吁》（以下简称《紧急呼吁》）。《紧急呼吁》指出：“我们文化之悠久及其在世界文化史上罕有其匹的连续性，形成一条从未枯竭、从未中断的长河。但时至今日，这条长河却在某些方面面临中断的危险。”“构成我们民族文化的这一方面是我们的民族智慧、民族心灵的庞大载体，是我们民族生存、发展的根基，也是几千年来维护我民族屡经重大灾难而始终不解体的坚强的纽带。如果不及时采取措施，任此文化遗产在下一代消失，我们将成为历史的罪人、民族的罪人。”《紧急呼吁》以焦急迫切的文字，敲响了传统文化正处于存亡续绝关键时刻的警钟。

加强我国小学生思想道德教育中的国学教育研究，能拓展小学生思想道德教育视域，使我国小学生思想道德教育不仅着眼于适应当代经济社会的发展要求，还与我国源远流长的传统文化相承接，不仅着眼于与经济全球化、政治多极化、文化多元化、社会信息化的时代特征相一致，还与根深蒂固的民族心理特征相统一，使我国小学生思想道德的教育具有更广的延展性、更强的历史厚重感、更为坚实的民族根基，更为宏大的包容性，从而更好地满足小学生思想道德的成长需求，适应小学生学习生活文化环境，促进小学生思想道德健康发展。

3. 提升小学生思想道德教育实效

加强小学生思想道德教育中的国学教育研究，能提升小学生思想道德教育实效，推动我国小学生思想道德教育理论与实践进步。通过研究，开展国学教育，让小学生诵读中华文化经典，为他们提供做人的思想和行为指导，播下优良的传统文化种子。如“天下为公”的理念，“宁为玉碎，不为瓦全”的风骨，“先天下之忧而忧，后天下之乐而乐”的胸怀，“富贵不能淫，贫贱不能移，威武不能屈”的操守，“己欲立而立人，己欲达而达人”、“己所不欲，勿施于人”的黄金原则，“位卑未敢忘忧国”的精神，“无为而无不为”的智慧，“天行健，君子以自强不息”的意志，“地势坤，君子以厚德载物”的雅量，“高山流水”般的友谊，“见贤思齐”、“无欲则刚”的人生哲理等。正是这些为人之道，在中华文明史上曾哺育了无数民族英雄和仁人志士，使他们为民族进步和国家发展做出了巨大的贡献，今天让小学生们诵读中华经典，就是让他们从中汲取营养，从小学会做人，继承发扬中华民族的优良传统道德和民族精神，抵制形形色色的精神污染。

诵读经过漫长的历史凝聚和历史考验的文本，在培养小学生纯正的语感、培养良好的道德品质和文明行为、强化民族认同感、弘扬和培育以爱国主义为核心的伟大民族精神等方面，具有不可替代的作用，从而能提升小学生思想道德教育实效。

4. 促进小学生健康成长

教育部制定的《基础教育课程改革纲要（试行）》，把“继承和发扬中华民族的优秀传统”作为重要目标之一。古代诗文作品在教科书中的比例有所增加，教学要求有所提高，古诗文作品在初中、高中语文教材选文中分别约占35%和45%。中国古典文化的学习方法正在积极实验中，中国古代的优秀学习方法如经典诵读等，正在各地兴起。

此外，新课程要求阅读必须是为提升学生精神生活的活动，为养成学生终身读书习惯，培养阅读兴趣和终身持续发展奠基。古诗文诵读克服了传统阅读的价值功利化、内容狭窄化、操作课堂化、效果表面化的倾向，远离学科考试内容，以提升小学生道德水平和文化素质为主要目的。诵读国学经典让小学生感受前贤的智慧和情怀，找到自己的精神家园，同时丰富小学生的知识结构，使其得到更好发展。因此，加强这方面研究，能促进小学生健康成长。

二、研究的现状述评

针对本书所涉及的小学生思想道德教育和国学教育两个领域，其研究现状主要涉及三个方面：国学教育的理论研究现状，国学教育的实施现状，小学生思想道德教育的研究现状。

（一）关于国学和国学教育的研究

当前，学术界关于国学和国学教育的研究较为丰富，学者们立足于不同学科视域进行了丰富的探究。

1. 国学基本概念研究

要弄清国学的基本概念，首先要弄清近代国学这一概念的由来。关于这个问题目前学术界主要有三种观点：一是认为中国古代并没有“国学”这个概念，而是近代中国知识分子从日本移植到中国的①；二是在与西学冲突的境遇中，从周秦以来的国学（国家教育管理机构、最高学府）的机能转变为学术的机能，其研究的对象是中国固有的学术②；三是20世纪以来，中国传统文化学术继清代汉学而有国学③。以上观点虽各有千秋，但不能从整体上反映出近代国学的演变过程。我们认为，近代国学的演变是多种因素整合的结果。

国学又可以称为国故，可译做“GuoXue”、“Sinology”。“国学”一词，在中国古典文献中早已有之，较早见于《周礼·春官·乐师》：“乐师掌国学之政，以教国子小舞。”孙诒让《周礼正义》：“国学者，在国城中王宫左之小学也。”在这里，国学是指国家所办的贵族子弟学校，即教育机构。此后，国学逐步由小学演变为高等学府

---

① 钟少华．试论近代中国之“国学”研究．《学术研究》，1999（8）．

② 张立文．国学的新视野和新诠释．《中国人民大学学报》，2006（1）．

③ 雒江生．论国学与国学研究．《天水行政学院学报》．2000（1）．

和国家教育管理机构。尽管中国古代没有把国学完全置于学术视野下来观照，没有把国学作为研究对象来诠释，但国学作为教学的基地和管理机构，其教学的课程内容为国学研究提供了文本的依据和诠释的空间及条件，具有传承和延续中华民族五千年文明而使之不断裂的功能。此外，中国的旧典大都成书于战国。秦灭旧典，在汉代出现了整理、发掘以及传播旧文献的热潮，这就是后来的汉学。此后又有所谓的宋学，这时用宋代理学来研究旧学，但这并不成功。清代乾嘉时期，又一次整理旧学，读通了不少旧书，形成了“朴学”。清代修四库全书时，将我国的旧学分为经、史、子、集，这也只是从目录学的角度进行分类而已，但这成了近代国学的重要基础。

国学作为近代意义上的概念，则是在20世纪初形成的，与19世纪中叶的民族文化自救有关。1840年鸦片战争之后，面对西方列强对中国的瓜分以及国人的麻木，许多有识之士继承了中国传统知识分子“天下兴亡，匹夫有责”的爱国主义精神，起来挽救国家和民族于危亡。但在具体的途径上，知识阶层的认识却并不一致。一部分人完全寄希望于政治革命与民族革命；另一部分知识分子则通过对中西文化的比较，力图通过文化建设，开发传统的学术和教育资源，来提高国民的整体素质，振奋国民精神，真正振兴中华。基于此，在西学的影响下，知识分子从新式学科的角度对国学内容予以新的分类，发展成为具有近代意义的国学。

近代意义上的国学概念较早见于1902年秋，梁启超写给黄遵宪提议创办《国学报》“以保国粹为主义”的信中，使用了“国学”一词。几个月后，梁启超又撰“论中国学术思想变迁之大势”一文，多次提及“国学”，经章太炎的倡导，使之成为当时流行的学术话语。章太炎于1906年9月在东京发起“国学讲习会”，不久又在此基础上成立了国学振起社，其“广告”云：“本社为振起国学、发扬国光而设，间月发行讲义，全年六册，其内容共分六种。第一，诸子学；第二，文史学；第三，制度学；第四，内典学；第五，宋明理学；第六，中国历史。”这实际上包括了传统的经史子集的各个学科[①]。与此同时，他在《国粹学报》上发表“论语言文字之学”，还把语言文字定为国学的基础。至此，原来的“旧学”演变成略具近代意义的“国学”。1910年，章太炎的《国故论衡》由国学讲习会在日本出版发行，该书分小学、文学、诸子学26篇。这说明小学、文学、诸子学已成为国学的基本内容。1922年4月至6月，章太炎应江苏省教育会之邀在上海讲国学，共三讲，由曹聚仁整理记录，并以《国学概论》之名于当年11月由泰东图书局出版。第一讲为“概论”：第一，国学之本体；第二，治国学之法。第二讲为“国学之派别”，分为三端：第一，经学之派别；第二，哲学之派别；第三，文学之派别。第三讲为“国学之进步”：第一，经学以比类知原求进步；第二，哲学以直观自得求进步；第三，文学以发情止义求进步。从章氏的国学讲习会到《国学概论》可见，近代的国学是在古代国学传承、旧学发展的基础上，在与西学冲突的境遇中及民族文化自救的推动下，于20世纪初演变而成的，其研究的对象是中国的传统文化与学术。如果说以往国学以经典为教材，那么章氏所说的国学是对经典文本的诠释，是考镜源流，分源别派，义理地、历史地呈现其学术延续的血脉和生命智慧。也就是说，国学从此才真正进入学术的视域。

到目前为止，学术界对国学概念的界定还是众说纷纭。主要观点有：第一，国学是指反专制主义和反民族压迫的学术，它主要指先秦诸子以及秦汉以后中国学术思想中的精粹[②]。第二，“‘国学’在我们心眼里，只是‘国故学’的缩写。中国的一切过去的历史文化，

① 张立文．国学的新视野和新诠释．《中国人民大学学报》，2006（1）．

② 方言．国学研究出路何在．《华夏文化》，1995（5）．

都是我们的'国故';研究这一切过去的历史文化的学问,就是'国故学',省称'国学'。"① 第三,"国学者何?一国所有之学也。"② 第四,国学是参照西方学术对以儒学为主体的中华传统文化与学术进行研究和阐释的一门学问③。第五,国学一般指中国传统的学术简称,不过,如果从完备的意义来说,乃是指运用现代立场与眼光来研究中国传统学术的一种学术思潮④。第六,"国学"是中国传统学术,主要包括义理、考据和辞章等,相对于"新学"指"旧学",相对于"西学"指"中学",引申而言,指中国传统文化⑤。第七,国学是特指中国故有的文化学术,所以国学也称国故⑥。第八,"学术本无国界。国学一名,前既无承,将来亦恐不立。特为一时代的名词。"⑦ 以上各观点各有千秋,都未能从总体上反映国学的民族性与时代性特征。

2. 国学基本价值研究

中国共产党第十六次全国代表大会报告指出:"民族精神是一个民族赖以生存和发展的精神支撑。一个民族,没有振奋的精神和高尚的品格,不可能自立于世界民族之林。"国学是我们难得的精神资源,只有不断注入新鲜血液,才会在新时期焕发出青春的活力。尤其在经济全球化、政治多元化、文化多样化的时代,民族文化对国家软实力的影响日趋增大的新形势下,更要站在民族存亡的高度来重新审视国学的基本价值。

第一,国学是我们的精神家园。章太炎在"国学讲习会序"中

① 胡适.胡适文存二集.上海:上海亚东图书馆出版社,1924:1-2.
② 邓实.国学讲习记.《国粹学报》,1906-6-20(19).
③ 纪宝成.与传统和解重建国学正逢时.《城市晚报》,2005-5-30.
④ 袁济喜.发扬中国文化的精神——聚集国学.《中国教育报》,2007-1-16.
⑤ 尹小林.国学教育随想.《科学时报》,2006-3-14.
⑥ 雒江生.论国学与国学研究.《天水行政学院学报》,2000(1).
⑦ 钱穆.国学概论.北京:商务印书馆出版社,1997:1.

说："夫国学者，国家所以成立之源泉也。吾闻处竞争之世，徒恃国学固不足以立国矣，而吾未闻国学不兴而国自立者也。吾闻有国亡而国学不亡者矣，而吾未闻国学先亡而国仍立者也。故今日国学之无人兴起，即将影响于国家之存灭。"① 从民族存亡的高度看待国学，不论是当时还是现在都不为过。因为国学是中华民族智慧、精神的集中体现，是我们的精神家园，是我们的文明之根，哺育着中华民族茁壮成长，使中华民族在相当长的时段中引领世界历史发展的风骚。国学虽走过了百年衰微的历程，但"真金不怕火炼"，几经磨砺，显得更精神、更有魅力，为新时期的政治、经济、文化等方面的发展提供了丰富的思想资源。如儒家所倡导的"德治仁政"治国理念、"和而不同"与"和为贵"处世哲学，道家所追求的人与自然和谐一体哲学思维，法家所主张的"信赏必罚"管理方略，墨家所宣扬的"兼爱交利"文化精神，兵家所阐发的"避实击虚"行为科学等经典思想，均已积淀为普世的民族心理和宝贵的历史财富，为中华民族的发展、和谐社会的建构及国家的统一提供了源源不断的智力支持和文化支持。

第二，国学是新时期文化建设的重要思想资源。国学所蕴涵的代代相传的思维方式、价值观念、行为准则，一方面具有极强的历史性、继承性，另一方面又具有鲜活的现实性、变异性，它无时无刻不在影响着今天的中国人，为开创新文化提供了历史的根据和现实的基础。就文化的承继性而言，国学是走向新时代的起点，是建设新型文明的资源。庄子说："指穷于为薪，火传也不知其尽。"（《庄子·养生主》）真正优秀的思想文化，是民族永恒的精神财富，它的某些内容也许会随着时间的流逝而失去意义，然而它的合理精神却超越时空的界限而亘古常青。我们所面临的时代条件和文化主

① 章太炎．国学讲习会序．《民报》，1906（7）．

题与古代社会已有本质的不同，在此基础上从事新型文化创造也不可能是对传统学术的简单回归，但是历史不能割断，文化不能终结，新文化建设必须以传统为资源，否则新文化的建设必然成为无源之水、无本之木。正如学贯中西的陈寅恪先生所云："其真能于思想上自成系统，有所创获者，必须一方面吸收输入外来之学说，一方面不忘本来民族地位。"① 有鉴于此，只有高度重视国学，挖掘其潜在价值并按照现代理念进行改造与重建，才能使之更好地为新文化建设服务。

第三，国学是医治道德沦丧的良药。改革开放近30年来，随着社会主义市场经济的深入发展，人们思想活动的独立性、选择性、多变性、差异性日益增强，价值观念发生了巨大的变化，同时也带来了不可抗拒的消极影响，拜金主义、消费主义、享乐主义、利己主义盛行，进而滋生许多社会问题，这种不良影响对处于社会转型期心情浮躁的人们具有很强的渗透力，极易造成道德的滑坡、人性的扭曲，严重地阻碍着社会发展。于是，人们从国学注重人格陶冶、重义轻利、重集体利益轻个人利益等思想中找到了医治的有效药方。在商品经济不发达的时代，重义轻利、重集体利益轻个人利益的思想曾经阻碍了商品经济的发展，但在商品经济高度发展的今天，重义轻利、重集体利益轻个人利益的思想则成为调节义利关系、公私关系的重要准则，这就是历史的辩证法。对过去否定的东西在一定条件下重新肯定，也是符合历史发展规律的。此外，西方不少有识之士如李约瑟、汤一比等发现，现代自然科学进步的西方国家面临着各种道德与社会问题，如何使人类走出这一困境，可以从中国文化教育所包含的伟大的精神中得到解答，对此许多严肃负责的学者开具了不少医治的处方，其中最有影响的莫过于用东方的伦理道德

① 阎光才．清华国学院的浮沉及其在当代学术界的价值．《学术界》，2005(2).

医治西方的社会弊端的主张。国内外的有识之士都已意识到了在新时代国学所具有的和潜在的德育功能，但这远远不够，还应当不失时机地挖掘其所蕴涵的和潜在的德育功能，医治国人的“思想病”。

第四，国学是某些新兴学科的催化剂。国学中蕴涵的中国特有的生生不息的宇宙观和把辩证思维与形象思维结合起来的思维模式，在突破近代形而上学的、机械的方法论，促进新兴学科的发展中显示了其不可替代的作用。莱布尼茨创立了作为现代信息技术的数学基础的二进制数学，后来他发现中国4000年以前的太极图“和我的新算术完全一致”，因此对太极图推崇备至①。而成为现代自动化技术理论基础的控制论的创始者维纳，则承认他的成就是和他在北京的工作经历以及受到中国国学思想的影响分不开的。德国科学家玻尔创造性地提出原子结构模型假说，他将自己的卓越创造归功于《周易》太极图的启示，以致对太极图十分崇拜，并用太极图设计族徽，以志永恒纪念②。

3. 国学基本特征研究

国学作为中国的传统学术文化固然具有世界文化的一般共性，但它毕竟是在中国特定的文化生态环境中所孕育成长起来的，因而更具有鲜明的中国特质。

第一，国学是一个综合性很强的学科。在近代西学传入中国之前，国学是不分科的，强调学科的整体性和各学科间的融通性，类似当今兴起的边缘学科。国学之所以提上日程，正是因为它的综合性弥补了当今学科过于细化的不足。国学的综合性主要体现在两个方面：其一，内容广泛。应该说，包含传统学术文化的各个方面，不仅包括文学、哲学、历史、艺术等方面的社会科学，还包括医学、

① 朱谦之．中国哲学对欧洲的影响．福州：福建人民出版社，1985：231.

② 周明邦．周易评注．北京：中华书局，1995：13-14.

数学、天文、生物等自然科学。国学不是社会科学的代名词，而是文科、理科、工科等各科类的学术集合。其二，各科间的贯通。主要体现三个贯通：即文、史、哲贯通，儒、道、佛贯通和中西学术贯通。正因为国学注重贯通，才造就了陈寅恪、王国维、钱钟书、汤用彤等著名的国学大师；亦正因为此，国学才能在知识经济时代重现青春、再展魅力。

第二，国学是一种中华民族传统学术文化。换言之，国学是我国特有的传统学术文化。先从词意上来分析，文化是人类创造的物质财富和精神财富的总和，特指精神财富，如教育、科学、文艺等；学术是指"有系统的、专业性很强的学问"；传统是指"历史传承下来的具有一定特点的思想、文化、道德、风俗、艺术、制度以及行为方式等，是历史发展继承性的表现"①。据此，可以这样理解传统学术文化，它是历史传承下来的具有一定特点的、系统性与专业性很强的学问，这是一个具有普适性的概念，但加上限定词中华民族便有了民族特征和地域特征，便有了自己的文化个性。国学是中华民族五千年的历史积淀，是以马克思主义世界观为指导、以科学的方法对中华民族传统学术文化进行研究和阐释而形成的系统性、专业性都很强的科学知识，而且所研究的成果都是有据可查的，是学术文化，不是一般的传统文化。

第三，国学是随着时代发展而发展的相对范畴。可以说，国学是一个动态的概念、一个与时俱进的概念。某个时代有某个时代的国学，各个时代国学间的关系是扬弃的关系，是传承与发展的关系，简言之，是一种哲理关系。当印度佛教传入中国时，先秦诸子与两汉经学是国学；到隋唐以后，儒、佛、道三教之学已都是国学；近

---

① 现代汉语规范词典．北京：外语教学与研究出版社，语文出版社，1364，1482，204.

代以来，研究中国传统学术文化而卓有成就者，莫不兼综中西，西学实已渗入国学研究的范围。这不仅反映了国学的历史性与时代性特征，也反映了国学的发展是符合历史发展基本规律的。这正是国学的活力之所在、魅力之所在。

第四，国学注重整体思维的运用。中国古代先哲长于用整体的观点和视野观察和把握事物，以致我们可以将传统思维方式归结为整体思维。整体思维的特点在于反对把思维对象先割裂成各个孤立的部分分别进行分析，然后再将其组合起来，而是主张自始至终视任何对象为一整体，在整体感的统驭下来认识整体内部各部分的联系和区别，从中把握事物的本质。比如，讲究治学的总体把握，注重学理、考据与辞章的整体运用，即注重学术研究观点、引经据典与字、词、句、章的综合运用。基于此，涌现了许多学术经典著作，如郭沫若的《中国古代社会研究》、《青铜时代》、《十批判书》[①] 等。再如著名的“天人合一”、“万物一体”的思想及中国古代的阴阳、五行学说和中医经络理论也都十分鲜明地体现了这种整体思维的特征。

4. 国学教育研究

把握国学范畴核心要义的目的在于推进国学教育，学者们对国学教育做出了诸多论述。

第一，对国学教育的界定。对国学教育的概念界定，与国学一样，至今还没有统一，目前学术界主要有以下几种观点。其一，以国学为核心内容的，旨在传承中华民族思想、文化和学术传统，培养民族意识和民族精神的教育。国学教育是我国社会主义教育体系

① 雒江生．论国学与国学研究．《天水行政学院学报》，2000（1）．

的一个组成部分，是具有中国特色的全面发展教育的一个组成部分①。其二，国学教育是一种意识教育。通过教师、家长的讲解和以经典为导向的教育培养孩子养成各种优良品德乃至于做人做事的意识②。其三，国学教育是对学生进行中华民族五千年创造的一切文明的指导性教育③。其四，国学是一种养成教育，是在反复的诵读和生活的感悟中进行潜移默化。它又是启发教育，既注重施教者的人格感召，又注重调动受教育者接受德育的自觉性、主动性④。其五，国学教育是中国传统文化的教育。它的目标有两个：一是传承中华民族的优秀文化，二是把孩子培养成具有文化气质的人⑤。其六，国学教育是素质教育和修身教育⑥。其七，国学教育主要是如何做人的教育⑦。以上观点各有优长，但难以反映出国学教育的全貌。

第二，国学教育的结构。结构是指构成事物整体的各个部分及其搭配、组合的方式。这里主要是从纵向和横向两个维度来探讨国学教育的结构。

一方面，纵向层次。总的来看，分为基础国学教育和高等国学教育两个层次；基础国学教育内依次分为学前国学教育、小学国学教育、初中国学教育和高中国学教育，高等国学教育依次分为大专国学教育、本科国学教育、硕士国学教育和博士国学教育。可以说是由低级到高级、由简单到复杂的循序渐进的教育过程，从纵向构

① 毕天璋．国学教育热——对中国思想文化传统的新的认同．《河南教育学院学报》，2006（4）．

② 冉阳，果海霞，伊水．调查幼儿热学国学要“学之有道”．《现代教育报》，2006-6-30.

③ 孟巍．高职院校国学教育理念创新研究．《当代经理人》，2006（10）．

④ 杨昆映．开展国学教育促进幼儿身心健康发展．《云南教育》，2006（5）．

⑤ 李迎春．论国学教育的文化向度．《河南教育学院学报》，2007（1）．

⑥ 杜悦．走老路，做新人，国学教育的“现在进行时”——访一耽学堂总干事逄飞．《中国教育报》，2006-3-30.

⑦ 温中豪．各方专家交锋“国学”教育．《大河报》，2006-2-27.

成了基本的国学教育体系，而且各个阶段的国学教育侧重点、教育对象、培养目标、教授方式等也是有所区别又相互联系的，并且从纵向上体现出计划性、系统性和循序渐进性。

另一方面，横向层次。从教育形式的角度看，分为专业型、普及型和陶冶型国学教育。其中，专业型国学教育是以国学专业为主开展的教育，主要适合于个别大学的个别院系；普及型国学教育和陶冶型国学教育是以普及国学知识、通过学科渗透国学知识、结合专业特点传授相应国学知识、营造氛围使学生走近国学等方式开展国学教育，适合于各级各类的学校教育，只是难易程度不同而已。从教育内容的角度看，可分为哲学、史学、文学、天文、地理、医学、农学、宗教学、礼俗学、伦理学、版本学、艺术等科类的国学教育。不同层次的学校，可根据学生的年龄特点，选择与其相适应的国学内容进行教育。当然，国学教育的内容会随着国学研究的深入而得到扩展、随着时代的发展而有所扬弃。

（二）关于小学生国学教育的研究

新时期国学教育在中小学的开展最早也最为广泛。自 20 世纪 90 年代起，全国各地中小学的国学教育逐渐呈现出燎原之态势。沈阳市皇姑区较早开展国学教育的学校为数不多，只有宁山小学、珠江五校、明廉小学等几所小学。但由于这几所小学的国学教育成果显著，得到了社会与主管部门的认可。2005 年 9 月底，皇姑区在宁山小学召开了国学教育现场会，下发了《皇姑区中小学国学教育指导纲要（试行）》，在小学生中正式开展国学教育。安徽和重庆等省市教育部门都曾下文，要求在学校里进行国学教育的试点，重庆市教育委员会两次发文要求各区县、高校、市语言文字工作委员会成员单位“在‘国学江北’等经典诵读活动的经验基础上，应以青少年和人民群众喜闻乐见的各种形式，把中华经典诵读和诗词歌赋创作活动广泛地开展起来，并且在今后持续地开展下去，形成固定的节日活动模式和品牌”，并把江北区确定为经典诵读试验区；深圳市近百所中小学已经开展了国学教育。据估计，全国已有数百万中小学生接受了国学教育。在国学教育的形式上，各校采用了以诵（读）经（典）为主的丰富多彩的形式。深圳市罗湖区凤光小学每天在学校门口的大型电子屏幕上播出学校精选的《弟子规》、《三字经》、古诗词、儒家经典、格言警句等；每天下午2时20分开始，学校开设10分钟古诗欣赏课，播放配乐《弟子规》和唐诗宋词，让全校学生一起吟唱。广东澄海实验高级中学结合高考必考篇目和语文教学，以班为单位开展诗词曲赋的经典诵读活动，每周安排两个早读时间集体吟诵古诗文名篇名段；广播站每天两个时段播出经典名籍和配乐诗朗诵；每学年举办一次“诵千古美文，做少年君子”大型古诗文吟诵比赛。山东济南大明湖路小学将1至6年级的国学课程定在周二下午的第二节课，每周上一节国学课，并利用早自习和课前5分钟时间组织学生进行集体诵读。实践证明，这样的教育形式，既能保证国学教育落到实处，又不会过多地增加中小学生的学习负担，是行之有效的。

至于中小学国学教育的内容，多数学校往往能够根据实际，从传统国学经典中选取。济南市大明湖路小学最为典型。该校所开发的校本国学教材，由必读内容与选读内容两部分组成。必读内容以四书五经为主，选编了《论语》、《孟子》、《左传》、《诗经》、《荀子》、《后汉书》、《世说新语》的部分内容与古代的名篇佳作；选读内容则思想性、趣味性并重，以短小精悍、浅显易懂、富于哲理、意味深长的神话传说、寓言、民间故事、成语故事为主，内容选自《庄子》、《墨子》、《战国策》、《韩非子》、《东坡志林》等书。与各校独立开发的校本国学教材相比，深圳市数百所中小学提出的“‘新六艺’国学启蒙教育行动方案”的内容就更广泛。该方案中的“新六艺”即国学教育内容的六个方面：诗、礼、书、画、武、乐。诗包括四书五经等文化典籍、历代散文、诗歌辞赋、格言对联等；礼即传统道德，包括忠孝、诚信和礼仪等方面；书指书法；画指国画和民间艺术（如剪纸、手工编织等）；武指中华传统武术；乐指中华传统民乐、戏曲与相声等。该课题已被列入广东省“十五”重点课题和“中国加入WTO与国学教育”子课题。

应该说，经过十余年的不懈探索，部分中小学的国学教育积累了相当丰富的经验，取得了较好的成果，已经日渐成熟。然而，对中小学生进行国学教育，人们还是有一些担心，主要有：第一，诵读经典会有效果吗？第二，国学教育会增加学生的负担吗？第三，国学中的糟粕会影响学生的健康成长吗？我们认为，只要将国学教育与素质教育紧密结合起来，采取相应的措施，这些都不成问题。大量的实践证明，学生诵读经典不仅会增长才智，还会慢慢领悟到经典中蕴涵的人文思想。目前对中小学生所进行的国学教育，往往只有一门课程，课时也不多，通常是每周一节课，部分学校并不要求学生非学不可，学生可以自愿参加，学习时间紧的时候，也可以不来。国学教育的内容，是经过教师认真选择的，因此就能够最大限度地避免国学中的糟粕对缺乏鉴别能力的中小学生思想的影响。至于一些私塾在对中小学生进行国学教育时出现的一些“作秀”现象，如某市“童学馆”让孩子身着汉服，峨冠博带上课，人们当然要提出批评，加以抵制，因为国学教育当以内容为主，读经又何必着古装！

目前小学生国学教育存在的问题，主要有以下几点。

1. 开设国学教育的学校城乡差别大

城市小学普遍开设，农村小学几乎没有涉及。在国学教育的含义被广泛地定位于“凡是进行包括经典诵读、传统道德、民俗民情、民族音乐、传统戏曲或传统体育项目等在内的传统文化教育”的前提下，据石家庄市对16所市区小学调查了解到，他们都在进行着国学教育。与城市小学形成鲜明对比的是，农村小学的国学教育接近空白。石家庄市对51所农村小学调查，仅有9所表示其涉及国学教育，但也只限于在某些课程内随机进行，如利用语文课给学生增加少量的古诗背诵，或在体育课上进行跳绳、踢毽子等民间传统游戏。

2. 国学教育方式随机

国学教育多采取随机进行的方式，绝大多数学校没有专职教师，没有专门教材，没有固定课时安排，也没有相应的评价体系，国学教育只是在相关课程上对学生利用随机渗透的方式进行。

3. 大多数学校对国学走进小学的认识不一

绝大多数人对国学教育的价值和意义表示认同，但对于在小学阶段开设国学教育，尤其是开设为专门课程，各方观点不一。有的学校表示，国学教育意义重大，要将国学教育作为学校特色，力争有更大发展；更多教师则表示出他们对开设国学教育的担忧，目前学校课程已经排得很满，学生课业负担已经很重，几乎抽不出时间来再安排一门新的课程；家长考虑更多的是，既然国学教育不是升学必考科目，那么何必再给小学生增加负担？

4. 国学教育的内容比较单一

在所有开设国学教育的学校中，国学教育的内容多选择经典诵读，而且，诵读的内容也多局限于《三字经》、《弟子规》等蒙学读本上。国学教育没有明确的内容指向，国学教育的实施缺乏有效的引领是目前国学教育可持续发展首先要面对和亟须解决的问题。

第一，小学国学教育内容的甄别遴选——“教什么”的问题。中国人民大学校长纪宝成认为，“广义的国学，即胡适所说的‘中国的一切过去的历史文化’，思想、学术、文学艺术、数术方技均包括其中；狭义的国学，则主要指意识形态层面的传统思想文化，它是国学的核心内涵，是国学本质属性的集中体现，也是我们今天所要认识并抽象继承、积极弘扬的重点之所在”[①]。小学实施国学教育，在内容的选择上应当体现出既符合时代精神又适合学生身心发展的特点，主要着眼于两个角度：一是了解中华民族的传统文化，这并非是照单全收，但它至少是一个导向，学校应该从中选择有代表性的尤其是体现人文精神和地方特点的内容，纳入到国学教育的视野中。二是懂得中华民族的民族精神。纪宝成先生认为，“就内涵而言，国学是中华民族精神的集中体现”[②]。2003 年 4 月 28 日，胡锦涛在中共中央政治局第四次集体学习时说：“中华民族是具有伟大民族精神的民族。千百年来，中华民族之所以能够历经磨难而不衰，饱尝艰辛而不屈，千锤百炼而愈加坚强，靠的就是这种威力无比的民族精神。”因此，走进小学的国学教育，最核心的任务当是弘扬具有时代价值的民族精神。

第二，小学国学教育的有效实施——“怎样教”的问题。国学教育是在新的历史背景下出现的一种新的教育现象。一方面，人们普遍感觉到国学教育意义重大，另一方面，面对这种新的教育形式，很多一线教育工作者又无所适从，找不到一条可行的路径。从对石家庄市小学国学教育现状的调查可以看出，仅仅作为一种从兴趣出发而进行的小学国学教育，呈现出的是一种无序、盲目、随意甚至形式主义的状态。要使国学教育在小学阶段保持良好的发展势头，在解决教育内容的选择和架构的同时，必须寻找一条行之有效的组织实施的路径。而路径选择的关键，首先应该是把小学国学教育纳入到课程意识上来，也就是要考虑课程设置、教材选择、教师配备、课程评价等问题。从实质上说，这种课程既是显性的，同时也是隐性的。一方面，学校应该有目的、有计划地组织实施该门课程，另

① 纪宝成．重估国学的价值．《理论参考》，2007（7）．

② 纪宝成．重估国学的价值．《理论参考》，2007（7）．

一方面，学校有责任创造情境，在环境、文化设施以及观念形态等方面营造良好的氛围，以满足和促使学生在“正规课程”之外对国学教育的学习。

（三）关于小学生思想道德教育的研究

1. 小学生思想道德教育的研究现状

小学生思想道德教育作为基础教育阶段素质教育的重要目标，历来受到党和国家的高度重视。

第一，关于小学生思想道德教育的重要性研究。关于小学生思想道德教育的重要性，学术界基本能够达成一致意见，认为加强小学生思想道德教育，直接关系小学生健康成长，更关系民族国家未来建设者的培养，思想道德教育对于小学生而言具有特殊重要意义。“由于小学生认知能力和对社会生活的体验有限，决定了小学生在需要国家法律保护的同时，特别需要教育的保护”①。教育工作者普遍认为，小学阶段的德育，对小学生一生发展的影响至关重要。小学阶段是小学生思想品德发展的关键时期，是其品德从习俗水平向原则水平、从依附性向自觉性过渡的时期，他们逐步开始形成系统的道德认识以及相应的道德行为习惯，道德认识开始从具体形象性向逻辑抽象性发展。学术界普遍认为，当前经济社会发展的时代特征愈发凸显了加强小学生思想道德教育的紧迫性，社会经济体制的影响、社会政治体制的辐射、社会教育体制的制约、社会道德风气的导向、家庭道德教育的不完善等日益凸显小学生思想道德教育的重要性和必要性，从时代背景分析，当前社会经济生活急剧而深刻地发生着变化，传统的世界观、人生观、价值观正受到市场经济大潮的冲击，各种新旧思潮冲击着小学生思想道德教育，致使当前小学

① 李正滋．小学生思想道德教育的重点．《云南教育》，2006（5）．

生思想道德教育经受着前所未有的严峻挑战①。

第二，关于小学生思想道德教育的现状研究。关于小学生思想政治教育现状，学术界主要有两种观点。其一，认为当前我国小学生思想道德教育队伍稳定，资源丰富，制度健全，国家重视，政策到位，各地各小学都稳步推进思想道德教育，总体而言，当前我国小学生思想道德教育能适应经济社会发展要求，能促进小学生思想道德积极发展，在实践中取得了显著成效。“目前小学生精神面貌良好，他们积极向上，热爱祖国，关心同学，遵守纪律，参与公益活动，接受学校进行的各项教育。总体而言，小学生思想道德现状是令人满意的”②，客观评价和充分肯定我国小学生思想道德教育的积极方面。其二，认为当前我国小学生思想道德教育在稳步推进、积极发展的同时，也存在一些有待于进一步改进和完善的方面和环节，“学生社会责任感意识在减弱……小学生道德启蒙教育有待进一步加强……学业负担重、心理压力大、父母期望值高”③。学者们对当前小学生思想教育中存在的一些问题做了较为深入全面的剖析，指出，少数地方和学校对小学生思想道德教育重视不够，办法不多，针对不强，我国小学生思想道德教育中重智育轻德育的现象仍然存在，“由于长期以来分数教育的惯性，特别是中、高考中分数指挥棒的作用，在德智体的关系上仍存在着严重问题。当问及‘教师和父母最关心您哪方面的情况’时，回答‘学习成绩’的占第一位，为42.6％，‘身心健康’的占第二位，为39.2％，而回答‘思想品德状况’的仅为16.5％，远远低于前两项。这明显地反映了目前家庭教育和学校教育中‘重智轻德’的问题仍然存在”④，主张进一步改进

① 王洪忠．用三个坚持推进小学生思想道德建设．《甘肃教育》，2005（4）．

② 李素菊．首都小学生思想道德现状．《北京青年政治学院学报》，2006（3）．

③ 傅静．小学生思想道德现状与对策．《辽宁教育》，2005（6）．

④ 李素菊．首都小学生思想道德现状．《北京青年政治学院学报》，2006（3）．

和完善小学生思想道德教育，切实推进小学生思想道德教育更上一个台阶。具体而言，针对当前我国小学生思想道德教育存在的问题，学术界主要有以下几种认识。

小学生思想道德教育重视不够。学者们认为，不少家长、教师及有关教育工作者对小学生思想道德教育的作用认识不够，很大程度上淡化了小学生思想道德教育，重智轻德，重大德轻小德，学校、家庭、社会三者所实施的小学思想道德教育相互脱节，缺乏合力，不良的社会环境危害小学生的身心健康；对小学生的良好精神食粮供给不足，活动场所不多，选择余地不大；“学校教育吼得凶，家庭教育放得松，社区教育空对空”的现象的确较为严重地存在①。小学生思想道德教育的实效性偏低，导致极少数小学生在思想品德方面出现一些不良现象，道德正在失去昔日的光辉与价值，“自我中心”及知行脱节问题日益凸显，道德评价软弱无力，思想品德教育评价制度的实效性不够理想。

学校传统德育内容与社会现实不完全适应。学校德育的主要内容是中华民族传统美德的继承和发扬，而市场经济条件下，德育教育既需要体现传统美德的时代特征，又需要赋予现代理念的新内涵，以达到传统观念与现代理念的融合统一。② 思想道德教育孤立生硬，一方面在途径上是以品德课的方式孤立地进行，不能融入、渗透到教育、教学的各个环节，德育也只是德育教师的任务，其他教职工德育意识不强，未能形成全员育德的氛围。另一方面，在德育的方式上生硬地灌输理论知识，学生只是被动地接受德育理论知识，无法引起强烈的道德情感，更不能自觉地将品德知识内化并进而形成

① 卢贵飞．浅析当前如何对小学生进行思想道德品质教育．《新课程研究》，2009（9）．

② 曹进．有针对性地开展小学生思想道德建设．《校长阅刊》，2005（3）．

自觉的品德行为，结果造成了品德知识与行为的割裂。

学术界在研究中开展了小学生思想道德现状的调研。山东师范大学在2007年分别从生活目标、观念、情感、态度，生活习惯，生活结构，生活中的交往等四个维度组织了一次调查①，得出以下基本结论。一是当代小学生对生活的态度普遍较为乐观，能够独立克服生活中的困难。二是独生子女与非独生子女在日常的道德生活中，无论是生活习惯、生活目标、情感、态度，还是其生活结构和交往情况上，都没有表现出明显的差异。这与我们想当然的想法背道而驰。那些笼统地认为独生子女要比非独生子女更自私、更任性、更不易交往的说法是缺乏根据的。三是在无孔不入的大众娱乐媒体的影响下，小学生也或多或少地受到了影响，出现了所谓的“追星一族”，传统道德教育下的英雄模范情结已经受到严重的挑战。四是城乡学生之间也在许多方面存在差异，城市学生与农村学生相比，缺少农村孩子的自律性和坚韧性。农村的孩子可能由于生活环境的关系，更加刻苦，更乐于团结同学。五是男生和女生之间在日常的行为习惯、生活结构和交往上呈现出明显的差异。女生由于天生的性别特征，更容易养成良好的习惯，更能够很好地约束自己；而男生虽然比较贪玩、不能自律，但是与女生相比更加乐观、自信，更乐于帮助别人，更容易与同学和老师交流，形成融洽的关系，在困难面前表现得更独立、勇敢一些。六是小学生中存在一些言行不一致、过于成熟化的行为，其主要原因在于道德教育的口号化和教条化，导致一些小学生满口的爱祖国、为祖国奉献青春，实际上却只是在口头上说说而已；在日常生活中由于家长和老师过分关注学习成绩，也造成一些学生的厌学行为和一些学生以成绩作为交友标准的现象；

① 邹玲，史海亮等．关于小学生道德生活状况的调查报告．《青少年研究》，2007（1）．

同时由于受成人世界一些思想观念的影响，小学生中也存在一些攀比和盲目追求利益权势的行为。

首都精神文明建设委员会办公室与北京青年政治学院共同于2006年6至8月间成立了“北京市未成年人思想道德状况调查”课题组，对北京市中小学生展开万份问卷调查活动①，调查结果表现在三个方面。第一，在小学生家庭教育上，小学生接触最多的是父母，家长对子女有着极高的期望值；小学生尊重和采纳父母意见，同时有着强烈的自主意识，但随着年龄的增长和伙伴群体间信息交流的增加，伙伴群体间的相互影响作用在未成年人成长中愈发重要；小学生有烦恼愿意找伙伴诉说，父母与孩子之间有着情感交流问题。第二，小学生学校的思想道德教育方面：小学生热爱社会主义祖国，具有强烈的民族自豪感；小学生积极向上立志成才，能够自觉遵纪守法互相帮助；小学生学校发挥教育主渠道作用，但仍普遍存在着重考试分数的应试教育倾向，很多教师与家长把学习成绩视为衡量学生优劣的唯一标准，而忽视对他们的思想道德培养。第三，小学生的社会公德和社会环境：小学生公德意识令人满意，对荣辱观教育表示认同；学校、家庭、社会三维教育网络初具规模，整合北京市社会教育资源；小学生成长的社会环境不断改善，社会活动场所有待进一步增加；但也存在着道德认知和道德行为脱节等令人担忧的社会问题。

广东省由广州大学高等教育研究所牵头于2006年4月在广东、福建、浙江、上海的16个城市（区）21所小学对3408位小学生的品德状况进行了调查研究。调查显示，“九成小学生对于日本官员美化当年侵略中国表示愤慨，七成小学生关心祖国统一大业，这些学生的民族正义感和爱国意识较强，但也有二成半小学生对祖国统一

① 李素菊．首都小学生思想道德现状．《北京青年政治学院学报》，2006（3）．

不关心或较少关心。”[①] 大多数小学生具有较强的法纪观念，能够判别法纪方面的是非，九成多小学生表示以积极的态度克服生活中的困难，八成半小学生在向社会献爱心的活动中表现积极，这说明他们对人生道路和人生意义有一定的了解，并表现出对社会对他人稚嫩的爱心，大多数小学生懂得“不义之财不可取”的道理，拾到财物能够主动交公。

第三，关于小学生思想道德教育的内容与特性研究。关于小学生思想道德教育的内容，有学者主张把适应经济社会发展要求的时代内容与承继中华民族传统美德的内容结合起来，“一方面要调整原有的德育内容，另一方面要随着社会政治经济形势的变化和发展不断拓展新的德育内容，如开放意识、竞争与合作意识等，注重行为规范、伦理道德、良好的个性心理品质的教育。德育内容不仅要注重合乎时代的节拍，还要注重对小学生进行中华民族传统美德教育”[②]；有学者认为小学生思想道德教育应凸显社会主义道德内容，“为人民服务是社会主义道德的集中体现。在社会主义市场经济条件下，在小学生时期就要提倡为人民服务和集体主义精神，提倡尊重他人、文明待人，乐于助人、热爱集体、爱护公物，保护环境，树立良好的社会公德，培养高尚的人格，为人民为社会主义多做好事，继承中华民族优良传统和美德”[③]。关于小学生思想道德素质的特性，学术界认为，小学生逐步形成自觉地运用道德认识来评价和调节道德行为的能力。这种道德认识表现为从具体形象性向逻辑抽象性发展的趋势，小学时期的道德言行从比较协调向逐步分化发展。在整个小学阶段，小学生在品德发展上，认识与行为、言与行基本上是

① 骆风，蔡玉荣等．当前小学生的道德面貌及其教育对策——基于东南四省市的调查和思考．《中国教师》，2006（4）．

② 马晓冬．当代小学生思想品德教育对策．《现代中小学教育》，2001（9）．

③ 于展进，代清丽．浅谈小学生道德素养．《当代教育科学》，2004（7）．

协调的。年龄越小，言行越一致，随着年龄的增长，逐步出现了言行不一致的现象①，小学阶段的小学生的思想品德是过渡性品德，这个时期思想品德发展比较平稳，显示出以协调性为主的基本特点，冲突性和动荡性较少，小学生思想道德素质呈现出向前发展和不断成熟、完善的显著特征。

第四，关于小学生思想道德教育的途径与方法的研究。关于小学生思想道德教育的途径，学者从不同视角不同角度提出了多种途径。有学者②认为，小学生思想道德教育应实施开放式教学，教师要适当引进、利用与学生生活贴近的课程资源，不断丰富教学内容，拓宽教学渠道，构建课内外联系、校内外沟通、学科间融合的课程体系，变单纯课堂上思想品德为开阔的生活中的思想品德。引导或带领学生走出校门，进入社会大课堂，去游历社会中的现实情境，了解社会中的现实问题，使学生在社会实践中增强对社会的责任感。抓小事，让学生积“小”成“大”，教师对学生言行上的“亮点”要及时褒奖，大力宣扬，弘扬正气，积淀孩子的德育素养，对学生表现出的“不良行为”，要及时制止、教育，帮助学生克服、纠正，让思想品德教育真正融入学生的心灵。要充分发挥学校、教育在青少年思想道德中的主导作用；加强德育队伍建设，改进教学方法；要发挥家庭、家长在青少年思想道德教育中的启蒙和配合作用，加强学校与家庭、社区的联系；采取有效措施，降低甚至避免网络的负面影响；加强德育科研，增强德育的科学性和实践性；开发校内的德育活动资源，创造良好的思想品德教育小环境；发挥少先队组织的作用，开展形式多样的教育活动；要充分发挥全社会齐抓共管在青少年思想道德教育中的中坚作用。另有学者主张，教育过程中老

① 刘智．试析小学生的个性实际与道德教育．《辽宁教育研究》，2001（10）．

② 丁激．浅谈小学生的道德实践．《师范教育》，2004（1）．

师应善于发现小学生的道德需要，小学生由于自我意识发展不够成熟，他们有时并不了解自己的需要，更不能明确地表达自己的需要。此时，教师要善于发现并激发小学生的需要，使他们的潜在需求变得明确。教师发现小学生的道德需要后，应着力创造条件、设置情境，积极唤醒小学生的道德需要。小学生的道德需要并非与生俱来，也不会一成不变，教师应通过多种方式培植小学生的道德需要，也可以使他们原有的道德需要得到进一步深化和发展①。有学者指出应当根据个性实际进行道德教育，对道德任务的难度作适当的安排，做到德育与"心育"相统一②。

由上可知，目前我国小学生思想道德教育研究呈现以下倾向：一是论述者多数是小学教师，大学及学术机构参与研究较少；二是除教育行政部门以文件的方式提出一些要求之外，政府其他部门很少就小学生思想道德教育的社区、社会配合提出要求；三是尚未形成小学生思想道德教育的系统内容、年段内容与年级目标；四是心理健康教育与思想道德教育之间各行其是，各自收效不大。

综上，当前我国小学生思想道德教育中国学教育在理论与实践上已经进行了诸多探索，国学教育在部分地区和小学得到一定推广和普及，对于推进小学生思想道德教育发展、促进小学生思想道德素质进步起到了积极作用，社会反应良好，教育效益凸显。总体而言，学术界对小学生思想道德教育中国学教育的重要作用和积极功能都具有较为客观和积极的肯认，重视对我国源远流长传统文化和中华民族优秀历史的传承，强调中华民族传统文化对于培育小学生良好思想道德的重要作用。一些地区和小学开展了丰富多彩的国学教育实践活动，为当前开展小学生思想道德教育中国学教育研究提

---

① 冉乃彦．小学生道德学习中教师的作用．《中国德育》，2007（2）．

② 刘智．试析小学生的个性实际与道德教育．《辽宁教育研究》，2001（10）．

供有效借鉴。同时，当前我国小学生思想道德教育中国学教育理论与实践还存在一些有待于进一步改进和完善的方面。

第一，重视不足。关于小学生思想道德教育中的国学教育，尽管当前我国理论与实践上都有了一定探索，但仍然有部分地区和学校存在对国学教育的偏见，把小学生国学教育简单等同于“复古”或“倒退”，因而片面排斥或一味拒绝小学生国学教育。已经开展了国学教育的部分地区或小学，有极少数因为政策保障、资金支持、课时安排、升学压力等问题对小学生国学教育重视不够，使小学生国学教育流于形式，无法深入，不能实现常态化和规范化，使小学生国学教育功能未能充分展现出来。

第二，认识欠缺。对于已经进行了小学生思想道德教育中的国学教育理论和实践工作的地区和学校，一定程度上存在着对小学生国学教育、小学生思想道德教育中的国学教育认识不到位的现象。少数地区或学校把小学生国学教育理解为穿古装、读古文、行古礼，对小学生国学教育的性质、定位不准，认识不到小学生国学教育是用现代立场与眼光来审视源远流长的中国传统文化，认识不到小学生国学教育是立足于现代社会的时代特征来寻找对中国传统文化的承继，古为今用，在承继民族性的同时彰显时代性。还有的把小学生国学教育脱离于小学生思想道德教育之外，仅将小学生国学教育视为其兴趣培养或课外拓展的某种活动，未能将小学生国学教育纳入小学生思想道德教育视域。

第三，措施不多。着眼于当前我国小学生思想道德教育中的国学教育的已有实践，部分地区或学校的小学生国学教育措施乏力，办法不多。多数学校在开展小学生国学教育实践过程中缺乏校本教材，对小学生国学教育的内容、途径、载体缺乏研究，往往认为向小学生教授古代文献即为国学教育，或将小学生国学教育简单等同于儒家文化教育。在小学生国学教育途径上，除了教师课堂讲授，还没有形成体系化、多样性的小学生国学教育途径，推进小学生国学教育实践发展的办法不多，使得小学生国学教育断断续续，时有时无，成为一种游离于小学生思想道德教育之外的课外实践。

第四，规模较小。当前我国小学生思想道德教育中的国学教育还只是在较小范围内有所开展，规范较小，不成体系，各地各学校对小学生思想道德教育中国学教育还未普遍重视起来，小学生思想道德教育中国学教育的普及还有待于进一步发展。不少学校还处于观望、忽视、排斥或拒绝状态，或者是某一地区进行了小学生思想道德教育中国学教育的区域实践，却遭到学术界或社会舆论的否定性评论。

因此，基于当前我国小学生思想道德教育中国学教育的现状和现实境遇，亟待加强小学生思想道德教育中的国学教育研究，以明确小学生思想道德教育中国学教育的理论属性和实践方位，为推动小学生思想道德教育中国学教育发展提供精神动力和智力支持。

三、选题研究的内容与方法

明确研究内容、明晰研究方法，是推进论题研究深化、保障论题研究实效的基本前提，只有选择科学的研究内容，选用正确的研究方法，才能把论题研究引向深入。

（一）研究内容

本书研究的主要内容包括：明确小学生思想道德教育中国学教育的理论基础和实践依据，明晰小学生思想道德教育中国学教育的目标与原则，确立小学生思想道德教育中国学教育的主要内容，立足于小学生思想道德教育中国学教育的现实实践，阐明小学生思想道德教育中国学教育的内容构成，明确小学生思想道德教育中国学教育的途径与方法，确立小学生思想道德教育中国学教育的现实评价，把小学生思想道德教育中的国学教育引向深入。

（二）研究方法

本书侧重于应用研究，采用的主要研究方法有：文献资料法、行动研究法、案例研究法等。

第一，文献资料法。广泛查阅文献资料，吸收已有的在国学教育与青少年道德建设方面的宝贵经验和研究成果，通过整理、筛选，为我所用。探索建设规律，使本论题的研究与实践有更高的起点。

第二，行动研究法。从重庆市江北区小学生入手作典型研究。江北区小学人手一册《国学经典选读》，以丰富多彩的活动形式开展诵读活动。各班可以根据学生基础水平、心理、年龄特点等，自选若干篇目阅读、背诵，并按不同的阶段落实不同的研究重点。以人文校园、书香校园建设，校本课程开发为抓手，以展示活动为载体，扎扎实实地开展本论题的研究。

第三，案例研究法。通过实践探索与研究，不断总结学生在文化经典诵读活动中道德素质提高的典型案例，进行不断的反思、验证，形成新的道德教育措施，以进一步推广应用。

四、重要概念界定

小学生思想道德教育中的国学教育研究，以“思想道德教育”及“国学教育”为基本概念和核心范畴，准确把握和科学揭示基本概念和核心范畴的科学含义，从根本上奠定了论题研究的坚实根基。

（一）思想道德教育的内涵

“思想道德”这个概念虽然被人们广泛运用，但是究竟什么是“思想道德”，却众说纷纭，莫衷一是。概念上的不统一，往往造成实际运用上的混乱。当前主要存在着两种倾向：一是简单化，忽视了思想道德的深刻内涵；二是泛化，忽视了思想道德的特定内涵。因此，有必要对“思想道德”概念本身加以澄清和界定，深入探求思想道德概念的内在本质，从而促进对思想道德问题的进一步研究。

1. 思想的含义

“思想”一词，从字面上看，两个字都从“心”，古人认为，思想是“心”之功能。从思想发生的机制看，思想是人们认识客观事物的心理过程、心理表现。许慎的《说文解字》指出：“思，容也。”“容”是包容的意思，即人的思考可涉及万事万物，无所不包。朱骏声在《说文通训定声》中指出：“《书·洪范》：‘思曰容。’言心之所虑，无所不包也。”“想，觊思也。”“凯”在有的版本又作“冀”，“觊思者，觊望之思也。”[①] 意思是说，人们对万事万物进行思考后所得到的成果即为“思想”。

从语义学角度看，所谓“思想”指人脑对客观现实反映并进行加工制作的结果，“道德”指调节人与人之间关系的行为规范以及相应的心理意识和行为活动的总和[②]，当思想与道德合并使用时，具有特定的意义指向和内容侧重。虽然“思想”与“道德”这两个概念在独立使用时都有各自的内涵和外延，但二者具有内在的统一性和联系性。从广义上讲，思想就是意识，道德是一种特殊的社会意识形态，道德是思想的组成部分之一。从其产生的源泉来看，均产生于人类认识和改造客观世界的实践活动，随着人类的发展和社会的发展而不断发展完善。从运作机理来看，二者发挥作用的途径基本相同，都通过作用于人，通过人的社会实践来发挥改造客观世界的作用。因此，思想和道德是相互联系、相互渗透的。

马克思主义认为，思想是一个由多因素构成的综合系统，是制

① 殷寄明.《说文解字》精读.上海：复旦大学出版社，2006：192.

② 新世纪现代汉语词典.北京：京华出版社，2001：252，1132.

约人们行为的各种精神因素的总和。从狭义上看，思想就是人们对客观存在的理性认识。毛泽东在《人的正确思想是从哪里来的》一文中指出：人们在社会实践中对客观事物的认识，开始是感性认识，“这种感性认识的材料积累多了，就会产生一个飞跃，变成了理性认识，这就是思想。”理性认识是认识的高级阶段，是对事物的全体、本质和内在联系的反映。中义的“思想”就是观念，即较系统稳定的意识，指人的观念系统。广义的“思想”即意识，是人的精神活动及其产物，泛指出现在人们意识领域的所有思想现象，包括较系统的观念形态的思想和偶然出现的心理反应等。思想是人的思想，是人脑的机能，是对客观世界的反映。“观念的东西不外是移入人的头脑并在人的头脑中改造过的物质的东西而已。”① 思想既依赖于客观世界，又反作用于客观世界。思想是一种精神力量，其产生离不开物质世界，但是，它通过反作用于人、影响人的实践，就把自身变为现实的物质力量，改造着物质世界。

2. 道德的含义

在中国，“道德”二字的意蕴深远，最初是分开用的。“道”的本义是指人由此达彼所行经之路，道家创始人老子把“道”演绎成哲学范畴，并赋予本体论和规律论的含义，认为道是万物衍生的基础、事物的本原，道是宇宙发展的客观规律。后来，人们把这种“天道”运用于人类社会，形成“人道”，形成一种仁义的境界，既表明人达到的一种崇高境界，同时也包含了实现境界的途径。东汉的刘熙对“德”的解释是：“德者，得也，得事宜也。”意思是说，“德”就是把任何人之间的关系，处理得合适，使自己和他人都有所得。许慎更明确地说：“德，外得于人，内得于己也。”这是说“德”是一个人在处理人与人的关系时，既能够“以善念存诸心中，使身

① 《马克思恩格斯选集》第2卷．北京：人民出版社，1995：112.

心互得其益”；又能够“以善德施之他人，使众人各得其益”。“道”与“德”一起出现是在儒家的典籍中。孔子主张：“志于道，据于德。”这里的“道”指理想的人格或社会图景，“德”指立身根据和行为准则。荀子把二者合在一起使用，认为“礼者法之大分，类之纲纪也。故学至乎礼而止矣，夫是之谓道德之极”。在古代，“道德”的含义是指个人行为处事的依据和修身养性所达到的境界。在现代，道德这个概念虽然兼有古代道德概念的含义，但主要是指一定社会调整人们之间以及个人和社会之间的关系的行为规范的总和。

马克思主义伦理学从人类活动和社会关系出发，正确揭示出道德的历史起源和个体发生过程，进一步明确了道德的本质内涵。首先，道德是在一定社会经济基础之上产生的一种特殊的社会意识形态。道德反映着社会和人类发展的要求，反映着特定阶级的利益。“人们自觉地或不自觉地，归根到底总是从他们阶级地位所依据的实际关系中——从他们进行生产和交换的经济关系中，获得自己的伦理观念。”① 在人们从事物质生产的过程中，必然会产生个人与集体、个人与社会、个人与个人之间在利益上的矛盾或冲突，为解决这些矛盾或冲突，调节社会关系，根据经济的发展和统治阶级的利益要求，在人与人之间逐步形成许多“应当”和“不应当”的规则以指导人与人之间的关系和人们的行为。与此同时，这些准则又被人们作为当时整个社会意识形态的一个相对独立部分，成为一种特殊的意识形态，这种特殊的意识形态就是道德。其次，道德是一种特殊的调节规范体系。道德是以善恶为评价标准，依靠内心思想、社会舆论和传统习惯来调整个人与个人、个人与社会之间利益关系的行为准则和规范的总和，是一种非制度化的、非强制性的、主体内在的规范。再次，道德还是人类把握世界的特殊方式，是人类完善自

① 《马克思恩格斯选集》第3卷．北京：人民出版社，1995：434.

身的活动。道德从人的需要出发，通过价值方式把握世界，即以评价对象、调节社会关系、预测社会发展、形成行为准则等方式来认识、反映、改造和完善世界。道德是由特殊的意识信念、行为准则、评价选择、应当理想等构成的价值体系，它把世界分成两部分，即善的和恶的、正当的与不正当的、应该的和不应该的，它高扬前者、鞭挞后者，发挥调节社会发展、发展个人品质、提高精神境界的作用，不断推动人类社会的前进。

3. 思想道德的含义

思想道德所涵盖的范畴十分广泛，具体而言主要涉及社会意识形态的思想体系、观念上层建筑，包括政治思想、法律思想、道德、宗教、艺术、哲学和绝大部分社会科学，它们是上层建筑的重要组成部分，从不同侧面、以不同的方式反映特定的经济基础并为之服务，在阶级社会里具有一定的阶级性。

着眼于思想道德具体的现实承载者即个体而言，思想道德即个人所具有的，由其所生活的社会所定义和评判、表征其与社会主流规范一致程度的思想意识和行为趋向。思想道德一般有思想道德认识、思想道德情感、思想道德意志和思想道德行为等构成要素，它们展现着个体的思想道德状况。思想道德不是凭空产生的，它的出现立足于特定社会生活基础。个体的物质条件、家庭环境、所接受的教育影响、在生活中的体验等，均构成个体思想道德的成长基石。正是以上因素的综合作用，使不同个体的思想道德各不相同。思想道德表征个人的素质修养。当个人的素质修养与社会主导价值体系与行为规范愈益相近时，表明个人的思想道德愈好。一般而言，个体的思想道德具有阶级性和时代性，个体的思想道德既具有他所生活的时代的显著特征，又内在决定于他的阶级立场，往往体现和反映一定社会阶级阶层的素质要求和修养主张。

由于个体的思想道德产生、形成于特定的社会生活基础，因而思想道德是可以改变和培育的。在一定社会历史条件下，统治阶级会依凭某种思想道德在巩固阶级统治和推动社会发展中的积极作用而确定这一社会的主导思想道德体系，在全社会大力弘扬，通过一定的规范和制度促使全社会成员共同遵守，成为整个社会的共同价值标准和行为准则，以此维护社会稳定、保持社会正常运转和促进社会发展进步。

4. 思想道德教育的含义

本书认为，所谓思想道德教育就是以马列主义、毛泽东思想、邓小平理论、“三个代表”重要思想和科学发展观为指导，对学生进行思想、品德、法律和心理健康教育的总和。其主要内容包括：民族精神教育、理想信念教育、道德品质和文明行为教育、遵纪守法教育和心理健康教育等。对学生进行思想道德教育是建设社会主义精神文明的需要，是青年一代健康成长的需要。通过教育，使学生树立无产阶级的政治观点，辩证唯物主义和历史唯物主义的世界观，具有社会主义、共产主义道德品质，使学生在德、智、体、美、劳几方面得到全面发展，努力成为中国特色社会主义建设者和接班人。

（二）国学和国学教育的内涵

1. 国学

学术界对国学概念的界定到目前为止，还是众说纷纭。有关论述在前文《研究的现状述评》部分《国学基本概念研究》中已作了介绍，本书认为：国学是中国特有的一种传统学术文化，即运用现代立场与眼光对中国传统文化与学术进行研究与阐释的一门学问。它应包含两方面的内容：其一是传统学术文化的内容，即哲学、经学、文学、史学、政治学、军事学、自然科学以及宗教、艺术等，其中自然科学有天文、算学、地理、农学、水利、医学等方面的系统知识；其二是用现代眼光来阐释与创新传统的学术。振兴国学不仅是指光大传统，更主要的是指激活国学的理论创新精神，后者更是在今天进行文化创新时所要秉承的融合中外、推陈出新的精神与能力。

2. 国学教育

本书认为，国学教育主要以国学内容为载体，根据社会发展需要和学生身心发展规律，有目的、有计划、有组织地引导学生获得相关国学知识，培养民族精神，提高人文素养，促进身心健康发展的实践活动，通过这种活动促使学生成为文理兼通的有民族气节的全面发展的人。第一，国学是学校教育内容体系的一个组成部分，也就是说应融入现有的教育内容体系，而不是单独设一个国学内容体系。第二，国学教育的宗旨是培育年青一代的民族意识与民族精神，传承与弘扬中华民族的优秀传统文化。第三，国学教育不仅应当包括陶冶心性的人格教育，还应当包括政治、军事、历史、算学、语言文字、文学艺术等各个方面的教育。

国学教育和教育一样，主要有三种基本形态：家庭型、社会型和学校型，本书研究视域中的国学教育，主要是指学校的国学教育，更确切点说，是小学的国学教育。国学教育是教育的一个分支，在遵循教育基本规律的基础上有自己的特殊规律。国学教育主要以国学内容为载体，根据社会发展需要和学生身心发展规律，有目的、有计划、有组织地引导学生获得相关国学知识，培养民族精神，提高人文素养，促进身心健康发展的实践活动，通过这种活动促使学生成为文理兼通的有民族气节的全面发展的人。

（三）小学生思想道德教育中国学教育的含义

以思想道德和国学概念为奠基，遵循教育的基本含义和要求，纵观以上对国学、小学生国学教育、小学生思想道德教育的阐释，本书所谓小学生思想道德教育中的国学教育，实质为将国学教育作为小学生思想道德教育的重要内容和载体，把国学教育纳入小学生思想道德教育视域，立足于当代经济社会发展需求，既传承源远流长的中华传统文明和文化，又创新中华传统文明和文化，在继承中创新，在创新中发展，以实现依凭国学教育促进小学生思想道德发展的目的。由此，小学生思想道德教育中的国学教育，是适应于当今时代特征和经济社会发展需求，融国学教育于小学生思想道德教育之中，有目的、有计划、有组织地对小学生进行国学教育，促进小学生思想道德发展的教育实践活动。

第一章 小学生思想道德教育中国学教育的理论基础与实践依据

马克思主义及其中国化理论成果的有关论述为小学生思想道德教育中的国学教育奠定了坚实理论基础，我国部分地区小学生思想道德教育中国学教育的区域实践为小学生思想道德教育中的国学教育提供了实践依据，准确把握和科学揭示这一理论基础和实践依据，是小学生思想道德教育中国学教育的题中之意。

一、小学生思想道德教育中国学教育的理论基础

马克思、恩格斯在创立辩证唯物主义和历史唯物主义的过程中，提出了人的全面发展理论，它与中国化马克思主义理论成果的有关论述共同构成研究小学生思想道德教育中国学教育的理论基础。

（一）人的全面发展理论

马克思主义认为，人的全面发展是个人发展的理想状态，共产主义社会是实现人的全面发展的社会，人类最终要发展到共产主义。教育的目的，在于开发人的潜能，促进人的发展，推进个人不断向全面发展靠近。

1. 人的全面发展是人的体力、智力充分、自由而全面的发展

马克思主义关于人的全面发展主要包含人的本质、人的劳动能力和个体素质等方面的内容。

第一，人的社会性本质奠定了人的全面发展的前提。人的发展是人在一定社会中的发展，离开了他人或社会的支持，个人的发展就无从谈起。人的社会性本质为人的全面发展提供了物质基础，使人的全面发展具有了现实可能性。马克思不是抽象地、片面地理解人，而是从人的自然属性、能动意识性和社会规定性的社会实践出发去理解人的本质，认为人是现实的、活生生的人。马克思所理解的"现实的人"，是能够"从事实际活动的人"，是"进行物质生产的人"，这种"现实的人"是处于一定社会条件的人，其实践活动受一定的物质生活条件及一定的社会形态和社会关系的影响与制约。人是什么样的人，要取决于他们进行生产的物质条件。马克思认为："这同他们的生产是一致的——既和他们生产什么一致，又和他们怎样生产一致。"① 要理解现实生活中各种各样的人，就必须从社会关系的角度出发去分析不同社会时代的人之间、同一社会时代不同个人之间的区别，从中得出关于人特殊的、现实的本质。因此，马克思明确指出："人的本质并不是单个人所固有的抽象物，在其现实性上，它是一切社会关系的总和。"② 人的发展总是表现在具体的现实社会关系的变革中。

第二，人的全面发展内含人的劳动能力的充分发展。只有每个个体的劳动能力都得到充分发展，才能够自由地选择职业，才可以"随自己的兴趣今天干这事，明天干那事，上午打猎，下午捕鱼，傍晚从事畜牧，晚饭后从事批判"③，既为自己发展创造条件，又为他人的发展提供可能。人的劳动能力的发展包含多方面的内容。马克思认为人的体力和智力与人的全面发展紧密相连。马克思在《资本

① 《马克思恩格斯选集》第1卷．北京：人民出版社，1995：68.

② 《马克思恩格斯选集》第1卷．北京：人民出版社，1995：56.

③ 《马克思恩格斯选集》第1卷．北京：人民出版社，1995：85.

论》中明确指出："劳动力的发挥即劳动，耗费人的一定量的肌肉、神经、脑等等"①，"我们把劳动力或劳动能力，理解为人的身体即活动的人体中存在的，每个人生产某种使用价值时就运用的体力和智力的总和"②。在马克思看来，由于社会分工，体力劳动和智力劳动的分离不可避免地导致了劳动者的片面发展，只有改变那种生存意义上的旧式分工，劳动者通过劳动本身将体力劳动和脑力劳动结合于自身，能够适应不同劳动的基本要求，把不同的劳动与社会职能作为可以相互交替的活动方式，从根本上缩小体力劳动和脑力劳动的本质差别，人才能获得全面发展。可见，马克思首先是将人的体力和智力相结合的全面发展看成是人的全面发展的主要内容。

2. 人的全面发展是一个历史过程

马克思认为，人的全面发展是与社会发展相统一的现实历史过程，这一过程至少要经过三个历史阶段。

在前资本主义阶段，也就是社会发展的初期，人类虽然从自然中分离出来，开始作为独立的主体面对自然和社会，但这一时期，人的活动中对自然因素依赖较大，人的社会性张扬不多，人的自由自觉的个性未能得到充分发展，虽然人们所依赖的共同体也由初期的氏族部落发展为农村公社、城市和行会，但是个人的活动依然局限于狭小的领域，人对人的依赖关系没有发生根本变化。

人类进入资本主义社会阶段后，人的"原始丰富性"被否定，使个人交往受到限制的血缘关系、等级差别也被彻底打破了，并且以人对物的依赖关系取代了人对人的依赖关系。正如马克思所说："毫无疑问，这种物的关系比单个人之间没有联系好，或者比只是以

① 《马克思恩格斯选集》第2卷．北京：人民出版社，1995：173.
② 《马克思恩格斯全集》第23卷．北京：人民出版社，1979：190.

自然血缘关系和统治服从关系为基础的地方性联系要好。”[①] 但是，由于资本主义社会存在着自身无法解决的社会生产与私人占有之间的基本矛盾，使资本主义社会形成的普遍的社会物质交换和全面关系渗透着阶级的私利，具有经济的、片面的性质，因此，这种关系对于个人来说并不是自由发展的条件，相反，使个人处于异己的、片面的社会关系之中，受制于各种盲目的非理性因素支配，从根本上说，很难实现个性的张扬和人的自由，因为社会的垄断和自私性自发地体现着由各种利益、需要派生的方向不同的力量，消耗了社会的进步合力。

只有到了共产主义社会阶段，人的全面发展才成为可能。马克思用充满感情的语言描述：“在共产主义高级阶段上，在迫使人们奴隶般地服从分工的情形已经消失，脑力劳动与体力劳动的对立也随之消失后；在劳动已经不仅仅是谋生的手段，而且本身成了生活的第一需要之后；在随着个人的全面发展，生产力也增长起来，而集体财富的一切源泉都充分涌流之后——只有在那个时候，才能完全超出资产阶级法权的狭隘眼界，社会才能在自己的旗帜上写上各尽所能，按需分配。”[②] 马克思指出，只有共产主义社会才是以“每个人的全面而自由的发展为基本原则的社会形式”，是个人作为自由人自愿参加与联合的“自由人联合体”。因而，在本质上区别于远古社会人类形成的联合体，也区别于资本主义对立社会的“虚幻的集体”。在自由人联合体中“每个人都有可能实现了他作为人的价值和在世界中的主体地位，通过能动的自觉活动，充分发挥了人的自由自觉活动的个性，达到自我实现这一人的全面发展的较高目标”。

---

① 《马克思恩格斯全集》第46卷（上册）．北京：人民出版社，1979：109.
② 《马克思恩格斯选集》第2卷．北京：人民出版社，1995：239.

3. 人的全面发展是社会主义社会的本质要求

江泽民在“七一”讲话中明确指出：“我们建设有中国特色社会主义的各项事业，我们进行的一切工作，既要着眼于人民现实的物质文化生活需要，同时又要着眼于促进人民素质的提高，也就是要促进人的全面发展。这是马克思主义关于建设社会主义新社会的本质要求，我们要在发展社会主义社会物质文明和精神文明的基础上，不断推进人的全面发展。”①

江泽民关于人的全面发展思想，不但继承了马克思主义关于人的全面发展理论的精华，而且发展了邓小平关于人的全面发展理论的精髓，在社会主义社会初级阶段，虽然还不可能真正实现人的全面发展的全部目标，但人的全面发展始终是社会主义本质的内在要求。社会主义的本质是解放生产力、发展生产力，消灭剥削、消除两极分化，最终达到共同富裕。这个理论实际上包含了人的全面发展内容，解放生产力、发展生产力是实现人的全面发展的物质基础；消灭剥削、消除两极分化是实现人的全面发展的社会条件，最终达到共同富裕是人的全面发展的目标。

4. 思想道德教育是促进人的全面发展的重要手段

培养和造就适应社会进步需要的全面发展的人，关键在于人类的自我教育，特别是对青少年一代的教育。人类社会的每个时代，只有通过一代一代的自我教育，才能不断地克服自身的局限性，使人的个性得以张扬，使人的潜能得以转化为现实的才能。列宁就曾明确指出培养全面发展的人，关键靠学校教育，“学校不仅应当成为一般共产主义原则的传播者，而且应当从思想上、组织上、教育上实现无产阶级对半无产阶级和非无产阶级的劳动群众的影响，其目

① 江泽民．论“三个代表”．北京：中央文献出版社，2001：108.

的在于培养能够最后实现共产主义的一代人”[①]，毛泽东更进一步指出“我们的教育方针，应该使受教育者在德育、智育、体育几方面都得到发展，成为有社会主义觉悟的有文化的劳动者”[②]。在现代社会，人的全面发展必须以德育、智育、体育、美育、劳动教育、科学技术教育等诸多方面的综合教育为前提，其中，道德教育是贯穿于培养全面发展的人的其他诸种教育中的灵魂或核心。

第一，思想道德教育规定着人的全面发展的性质和方向。人的全面发展主要通过人的综合素质表现出来，而人的素质主要包括思想道德素质、身体与心理素质、科学知识和技能素质等方面。一个道德素质低下的人，绝不是一个全面发展的人。在一定社会关系中，道德的生成、延续与发展从来都是教育的结果。无论是我国的历史与文化传统，还是西方国家的文明进程，都是把道德与教育看做是一个有机的结合体。在中国的儒家思想中，教育首先的和最重要的就是道德教育，“德”一直在中国传统文化中占据主导和重要的地位，早在夏代，就已经有了最早的道德教育的萌芽。西周时，大思想家周公提出了“以德治国”的思想。孔子更是我国公认的伟大的道德教育家，他在道德教育理论与实践的探索中留下了宝贵的财富。在西方，苏格拉底早在古希腊时期就有“知识即美德”的著名论断，德国教育家赫尔巴特则把伦理学和心理学作为教育的两块基石。虽然在现代文明社会里，教育与道德的关系不是绝对的同一，但教育作为道德理论和道德要求转换为道德行为的手段，其在培养人的全面发展素质中担负着不可替代的作用。人的道德素质问题是人的全面发展的基础性和方向性问题，因此，道德教育规定着人的全面发展的性质和方向。

---

① 《列宁全集》第29卷．北京：人民出版社，1959：88.

② 《毛泽东文集》第7卷．北京：人民出版社，1999：226.

第二，思想道德教育贯穿于培养全面发展的人的诸种教育方式的全过程。人的全面发展不仅意味着人的丰富潜能的各个方面都尽可能得到发展，而且意味着这些方面的有机的、协调的发展。人的所有各个方面的发展，总是由某种主导的、首要的东西所决定的，这就是人的道德素质的培育和发展。换句话说，人的各个方面的协调发展，起主要作用的因素是道德因素。用一定社会道德来规范和约束人的行为生活，正是人类生存和社会发展的必然需要和要求。

第三，思想道德教育的价值旨归在于推进人的全面发展的实现。思想道德教育的最终目的，或者说进行道德教育的最后目标，就是要培养人的全面发展的人格。人格，从道德的角度讲，主要指个人的道德尊严和道德品质。人的全面发展所需要的道德人格是人们参与道德活动后在一定的道德关系中所获得的道德品质和所表现出来的道德形象。人类社会的进步需要道德和秩序，人类社会发展的过程也是道德不断完善的过程，道德人格则在每一个人身上体现出这种道德水平。道德人格在内容上表现为人的道德理想、品质、行为。高尚的道德人格，反映的是社会进步需要的道德价值的真与善。在一定的道德人格的支配下，人总会对美与丑、善与恶、正义与偏私等言行表现进行评判，从而做出一定的道德评价，对社会生活产生相应的影响，人类社会的进步与发展需要社会整体道德人格的完善与加强，这不仅是道德教育的目的，更是人的全面发展的最终目标。要成为一个全面发展的人，必须强化道德意识，提升道德境界，培养道德情感，锻炼道德意志，并逐步形成社会追求的道德理想，通过不断的实践去追求理想的道德人格。

综上，马克思主义关于人的全面发展理论为小学生思想道德教育中的国学教育提供了坚实理论依据，思想道德教育对于促进小学生健康成长、推进小学生全面发展具有重要意义，对于小学生的全面发展起着根本统率作用。小学生思想道德教育中国学教育的基本要求和最终目标在于促进小学生的全面发展，马克思主义关于人的全面发展理论明晰和确立了小学生思想道德教育中国学教育的方向所在和价值旨归。开展小学生思想道德教育中的国学教育，在于促进小学生的全面发展，马克思主义关于人的全面发展理论，指明了小学生思想道德教育中国学教育的实践方向。

（二）中国共产党中央领导集体关于继承中华民族优秀文化的论述

从毛泽东到胡锦涛等几代中央领导人，都十分重视传承和发展中国传统文化，特别是毛泽东，他对中国传统文化的研究、发挥令人敬佩。他不但通晓二十四史，而且进行了注释；他不但通晓经（十三经）、史（历史库）、子（诸子，如《老子》、《庄子》等）、集（文集），而且用旧体诗的形式、韵律，以中国各时期革命为题材，写下了许多脍炙人口、充满革命英雄主义和革命浪漫主义的诗词。毛泽东把中国传统文化的精髓与现代中国革命和建设紧密地连接在一起，是传承、实现、发扬中国传统文化的光辉典范。

1. 以毛泽东为核心的第一代中央领导集体关于继承中华民族优秀文化的论述

以毛泽东为主要代表的中国共产党第一代领导集体用历史唯物论和能动的革命的反映论相统一的观点，研究中西文化和哲学，科学地总结了一百多年来的“古今中西”之争。在五四新文化运动的洗礼下，中国的马克思主义者相继提出了古今中西文化沟通互补的思想。毛泽东汲取前人的智慧，综合党内外的真知灼见，进一步发展和深化了辩证综合创新的文化观。20 世纪 40 年代，毛泽东在《新民主主义论》中说道“中国的长期封建社会中，创造了灿烂的古代文化。清理古代文化的发展过程，剔除其封建的糟粕，吸收其民主性的精华，是发展民族新文化提高民族自信心的必要条件；但是决不能无批判地兼收并蓄。”[①] 毛泽东在关于“百花齐放，百家争鸣”等繁荣社会主义文化方针的论述中，提出一种对待文化问题的“全面的历史的方法”，叫做“古今中外法”。他说：“所谓‘古今’就是历史的发展，所谓‘中外’就是中国和外国，己方和彼方。”古今中外法“就是弄清楚所研究的问题发生的一定的时间和一定的空间，把问题当做一定过程去研究”，这是文化研究中的一种辩证方法，也是当时文化讨论的正确结论。

2. 以邓小平为核心的第二代中央领导集体关于继承中华民族优秀文化的论述

以邓小平为核心的党中央第二代领导集体，拨乱反正，排除干扰，随着真理标准问题的大讨论和中国共产党第十一届三中全会的召开，拉开了思想解放的序幕，使当代中国文化真正从“以阶级斗争为纲”的范式中解放出来，进入了以经济建设为中心的社会主义文化新范式。邓小平首倡的建设中国特色社会主义理论，为马克思主义在当代中国的综合创新文化观奠定了思想基础，从而成为当代中国文化现代化的伟大旗帜。早在 1979 年，邓小平在中国文学艺术工作者第四次代表大会上的祝词中就指出：“我们的国家已经进入社会主义现代化建设的新时期。我们要在大幅度提高社会生产力的同时，改革和完善社会主义的经济制度和政治制度，发展高度的社会主义民主和完备的社会主义法制。我们要在建设高度物质文明的同时，提高全民族的科学文化水平，发展高尚的丰富多彩的文化生活，建设高度的社会主义精神文明。”[②] 要达到这一目标，就必须正确处理新时期的“古今中西”关系。就“古今”而言，要处理好传统中文化与当代中国文化的关系问题。“首先，要划清社会主义同封建主

① 《毛泽东选集》第 2 卷．北京：人民出版社，1991：707-708.

② 《邓小平文选》第 2 卷．北京：人民出版社，1994：208.

义的界限，决不允许借反封建主义之名来反社会主义，也决不允许用‘四人帮’所宣扬的那套假社会主义来搞封建主义。其次，也要划清文化遗产中民主性精华同封建性糟粕的界限”①，“属于文化领域的东西，一定要用马克思主义对它们的思想内容和表现方法进行分析、鉴别和批判”②，这就要求我们在文化建设中必须以马克思主义为指导，做到既不丢老祖宗又发展老祖宗，做好传统文化的清理工作。1986年制定的《中共中央关于社会主义精神文明建设指导方针的决议》，强调我们所要建设的社会主义精神文明，是以马克思主义为指导的，批判继承历史传统而充分体现时代精神的，立足本国而又面向世界的，这样一种高度发达的社会主义精神文明，这是对当代中国社会主义文化发展方向和道路的科学表述。

在思想理论上，邓小平深刻批判了全盘否定民族文化传统的错误思潮，热情讴歌了中华民族的美好品质及其所创造的优秀文化遗产。20世纪80年代以来，国内思想文化领域，在如何对待我们民族文化传统问题上，出现了一股全盘否定民族文化、歪曲民族历史的民族虚无主义思潮，给思想界造成恶劣的影响。为了肃清民族虚无主义思潮所造成的恶劣影响，振奋民族精神，提高民族自尊心和自信心，增强民族凝聚力，邓小平抓住了中国国门开放以来民族文化自信心重振这一重要主题，满怀深情地赞美和讴歌了我们各民族历史上的一切优秀思想文化成果，特别是五四运动以来中国共产党领导人民革命和建设社会主义过程中在精神和文化方面的创造，如爱国主义、独立自主、艰苦奋斗等光荣传统，丰富了中国人民的思想文化宝库。他说：“中国是个古老的国家，在历史上为人类做出过突

① 《邓小平文选》第2卷．北京：人民出版社，1994：335.
② 《邓小平文选》第3卷．北京：人民出版社，1993：44.

出的贡献"[1]，曾创造了举世瞩目的文化成果，特别是"在科学技术方面，我国古代曾经创造过辉煌的成就，四大发明对世界文明的进步起了伟大的作用"[2]。对于传统优秀文化和优良传统，邓小平进而提出了"钻研、吸收、融化、发展"[3]，"把这些精神推广到全体人民、全体青少年中间去，使之成为中华人民共和国的精神文明的主要支柱"[4]。

3. 以江泽民为核心的第三代中央领导集体对继承中华优秀文化的论述

江泽民肯定了优秀传统文化的现实存在和当代功能，他说："中国在自己发展的长河中，形成了优良的历史文化传统。这些传统，随着时代变迁和社会进步获得扬弃和发展，对今天中国人的价值观念、生活方式和中国的发展道路、具有深刻的影响。"[5] 另一方面，他也清晰地认识到传统文化中一些错误落后因素在今天的影响。比如，在谈到一些同志官本位思想时他说："要树立正确的权力观，必须破除'官本位'意识，肃清封建主义的残余思想，一些同志没有确立正确的权力观，一个重要原因是'官本位'的封建残余思想在作怪。"[6] 再比如，他在谈到党内少数干部为家庭成员谋私利的行为时说："我们是共产党人，决不能搞封建社会那种'封妻荫子'、'一人得道、鸡犬升天'的腐败之道。"[7] 这里，江泽民指出了封建文化中的一些东西对于当代党的干部的消极作用，指出它们至今还在产生的某些不良后果。从这些论述可以看出，江泽民清晰地认识到了

① 《邓小平思想年谱（1975—1997）》. 北京：中央文献出版社，1998：357.
② 《邓小平文选》第 2 卷. 北京：人民出版社，1994：90.
③ 《邓小平文选》第 2 卷. 北京：人民出版社，1994：111.
④ 《邓小平文选》第 2 卷. 北京：人民出版社，1994：212.
⑤ 《江泽民文选》第 2 卷. 北京：人民出版社，2006：60.
⑥ 《江泽民文选》第 3 卷. 北京：人民出版社，2006：423.
⑦ 《江泽民文选》第 2 卷. 北京：人民出版社，2006：501-502.

传统文化在当前现实生活中的正负功能。

江泽民极为重视继承和弘扬传统文化中的优秀因素，其重要表现就是将中国优秀传统文化提到一个确定的高度来继承。他说："中华民族的优秀文化传统，党和人民从五四运动以来形成的革命文化传统，人类社会创造的一切先进文明成果，我们都要积极继承和发扬。"① 这里他将中华民族的优秀文化传统放到首位，并和党的革命传统及其他国家创造的文明成果并列，共同作为建设中国特色社会主义文化的来源，由此可见他对中国优秀传统文化的重视程度。这一点从他对社会主义思想道德体系的来源的论述中也可以看出，他说"要建立与社会主义市场经济相适应、与社会主义法律规范相协调、与中华民族传统美德相承接的社会主义思想道德体系"②，毫无疑问，这里他将中华民族传统美德看做社会主义思想道德体系的重要来源，看做制约或影响这一体系最为重要的三个条件之一。由此可以看出，江泽民将中国优秀传统文化作为当代中国先进文化建设最为重要的资源之一来继承和弘扬，这就使这种继承和弘扬不再抽象，也不再是零散和琐碎的，而成为我们今天文化建设具体工作的重要组成部分之一。

4. 以胡锦涛为总书记的党中央对继承中华优秀文化的论述

以胡锦涛为总书记的党中央审时度势，顺应潮流，集中民智，准确、及时、鲜明地提出继承传统文化，大力建设社会主义先进文化。他在党的第十七次全国代表大会报告中鲜明提出"弘扬中华文化，建设中华民族共有精神家园"③ 的新任务。文化是一个民族的"根"，是一个国家的"魂"，是广大民众的精神慰藉。中华文化集中

① 《江泽民文选》第3卷．北京：人民出版社，2006：278.

② 《江泽民文选》第3卷．北京：人民出版社，2006：560.

③ 胡锦涛．高举中国特色社会主义伟大旗帜 为夺取全面建设小康社会新胜利而奋斗．《人民日报》，2007-10-25（3）.

反映了中华民族的理想品格、价值取向、道德规范、思想感情、思维方式和心理特征，是中华民族生生不息、团结奋进的不竭动力，是中华民族赖以生存和发展的精神支撑。

胡锦涛指出："中华文化是中华民族生生不息、团结奋进的不竭动力。要全面认识祖国传统文化，取其精华，去其糟粕，使之于当代社会相适应、与现代文明相协调，保持民族性，体现时代性。加强中华优秀文化传统教育，运用现代科技手段开发利用民族文化丰富资源。加强对各民族文化的挖掘和保护，重视文物和非物质文化遗产保护，做好文化典籍整理工作。"① 面对当今世界各种思想文化相互激荡的大潮，面对国家发展和人民生活改善对文化发展的要求，面对社会文化生活多样活跃的态势，中华民族必须建设好自己共有的精神家园，否则就会迷失前进方向，不可能自立于世界民族之林。建设中华民族共有的精神家园，必须坚持先进文化的前进方向，大力建设和谐文化，处理正确主导文化与多元文化、本土文化与外来文化、传统文化与现代文化之间的关系，必须大力培育和弘扬民族精神和时代精神，只有这样才能充分发挥增强民族认同、凝聚民族力量、展示民族形象、推动民族发展的重要作用。中华文化既包括祖国传统文化又包括中国共产党人所倡导的文化，既包括汉民族创造的文化又包括55个少数民族创造的文化，既包括大陆人民群众正在建设的社会主义文化又包括香港同胞、澳门同胞、台港同胞和海外侨胞所秉持和践行的文化。

中国共产党中央领导集体关于继承中华民族优秀文化的论述为我国小学生思想道德教育中国学教育奠定了坚实理论根基。小学生思想道德教育中国学教育，是继承中华民族优秀文化的生动体现和

① 胡锦涛．高举中国特色社会主义伟大旗帜 为夺取全面建设小康社会新胜利而奋斗．《人民日报》，2007-10-25（3）．

现实实践，倡导国学教育，以国学教育为载体促进小学生思想道德发展，实质上是对中华民族优秀文化的弘扬。优秀民族文化是确立国民民族性，使中华民族屹立于世界民族之林、在激烈的国际竞争中立于不败之地的动力源泉。继承中华民族优秀文化，是教育的本质要义。加强小学生国学教育，以国学教育深化小学生思想道德教育，促进小学生思想道德发展，既是对中华民族优秀文化的承继，又是对中华民族优秀文化的创新，使源远流长的中华民族优秀文化不断传承并发扬光大。

二、小学生思想道德教育中国学教育的实践依据

在国学教育中实施小学生的思想道德教育，并不是一个新鲜的话题。任何一种社会形态和统治阶级，从来没有放弃过通过母语文化的教育，培养适合自身需要的思想道德意识与准则。在我国，通过国学教育来推进小学生思想道德教育，有着悠久的历史、丰富的实践，为小学生思想道德教育中的国学教育提供了坚实的实践依据。

（一）小学生思想道德教育中国学教育的发展阶段

在我国漫长的封建社会，小学生所学内容在今天看来都属于国学，并在这些国学内容的习得中，养成了封建社会所需要的思想意识形态和道德行为准则。当历史演进到近代、现代和当代，小学生的国学教育从只是一种课程，到不再是课程，再到又是一种课程的演变过程。从广义的国学教育来讲，国学从来没有在小学生思想道德的学习内容中消失，只是在不同的历史时期和不同的发展阶段，以不同的内容和方式呈现。自近现代以来，国学教育在我国的小学思想道德教育中可分为四个发展阶段。

1. 洋务运动时期

洋务运动时期，基于“官学”的课程中对经解、史论、诗赋杂

著等内容的保留，小学生思想道德教育中的国学教育对中国传统文化有所承继。鸦片战争以后，中国传统教育在列强各国的枪炮之下开始了新的探索。从魏源“师夷之长技以制夷”开始，到洋务派、改革派，清朝末期的“官学”课程中，西方的科学技术课程逐渐占据了主导地位，中国传统学问（时称“中学”）的地盘和空间日益消减。但当时的洋务派、随后的改革派仍然提出了“‘中学为体，西学为用’的中西教育文化交流的原则与方法”[①]，在“官学”的课程中保留了“经解、史论、诗赋杂著等科”；在实行“壬寅学制”、“癸卯学制”后，学部制定了《存古学堂章程》、《修订存古学堂章程》，将存古学堂分经学、史学、辞章三门，主要课程有经学、史学、辞章学、诸子学等[②]。尽管“中学”的地位在当时的“官学”中地位越来越低，而私塾和书院中“中学”的地位仍然坚挺，由此小学生思想道德教育中国学教育较好地承继了历史，使国学在小学生思想道德教育中得以延续发展。不论在当时的历史潮流看来这一时期的固守“中学”（国学）是否属于守旧，但以客观效果视之，这一时期的国学教育实践，为中国培养了一批学贯中西的、在现当代赫赫有名的人才。“国学”的衰落即使是历史的必然，但这种必然并不意味着国学于今已毫无助益。因此，今天考察国学教育的实践，仍然应该关注这一时期的国学教育实践及其历史发展过程，充分肯认国学教育在小学生思想道德教育中的积极作用。

2. 中华民国时期

中华民国时期，小学生思想道德教育中的国学教育曲折前进。中华民国建立后，制定出“壬子·癸丑学制”、“壬戌学制”，颁布了

① 熊贤君．现代中国国学教育运动形成原因破译．《华东师范大学学报（教育科学版）》，2006（3）．

② 熊贤君．现代中国国学教育运动形成原因破译．《华东师范大学学报（教育科学版）》，2006（3）．

《普通教育暂行办法》和《普通教育暂行课程标准》，明确提出在“小学读经科一律废止”，“初小的科目主要有修身、国文、算术、游戏体操”[①]，直至大学，也取消了“经科”，尽管还可以读经。中华民国教育的所有改革措施，都是针对国学，即使是私塾，都必须强行改革。这些改革措施，使小学生思想道德教育中的国学教育遭受挫折，“中小学生对国学更加隔膜，他们几乎没有与国学为代表的中国文化接触的机会”[②]，对小学生思想道德教育中国学教育造成一定冲击，这种改革引起了一批学者的深度忧虑，其中的代表康有为发表了《中国颠危误在全法欧美而尽弃国粹说》，表现出强烈的对国家民族前途的忧患意识，对文化教育发展提出了诸多建议，不仅在今天仍然不能否认，更引发了现代中国三、四十年代的国学教育运动。从1922年北京大学设立“国学门”开始，清华大学、燕京大学、辅仁大学等相继设立了研究国学的专门机构，拉开了这场教育运动的序幕。国内知名大学相继开设国学课程，设立国学研究机构，使小学生思想道德教育中国学教育有所恢复，对于小学生思想道德教育保留国学教育传统具有十分重要的意义。1931年9月30日，国际联盟教育考察团开始考察中国教育，并出版了报告书《中国教育之改进》，严肃而深刻地指出：“外国文明对于中国之现代化是必要的，但机械的模仿却是危险的……中国为一文化久长的国家。如一个国家而牺牲它历史上整个的文化，未有不蒙着重大的祸害。”[③] 这个报告给当时的中国教育界带来了广泛、深刻的影响，随之出现了延续

---

① 熊贤君．现代中国国学教育运动形成原因破译．《华东师范大学学报（教育科学版）》，2006（3）．

② 熊贤君．现代中国国学教育运动形成原因破译．《华东师范大学学报（教育科学版）》，2006（3）．

③ 熊贤君．现代中国国学教育运动形成原因破译．《华东师范大学学报（教育科学版）》，2006（3）．

20年的国学教育推广普及运动，多家国学专修馆诞生，特别是无锡国学专修馆、无锡国专成为中国国学教育的重镇。普通中小学国学课程课时增加，尤其是广东、湖南一些中小学还宣布读经，使小学生思想道德教育中国学教育在历经挫折后又有所恢复发展。这场国学教育运动尽管因为抗日战争、解放战争又逐渐淡化，但它无疑“是国家危机日益加重，以国学为代表的中国文化地位日趋微贱，社会道德人心日渐消沉，而西方思想文化长驱直入‘物极必反’的必然反应，也是一部分具有强烈忧患意识和责任感的知识分子救亡图存，探索中国文化出路做出的庄严而沉重的选择。”① 这一阶段的小学生思想道德教育中的国学教育实践，仍然是以爱国主义和民族文化生存竞争为出发点、归宿点，对当前小学生思想道德教育中的国学教育有着较好的借鉴价值。

3. 新中国成立后的前十年

新中国成立前十年，小学生思想道德教育中的国学教育缓慢前进。1949年以前，对国学还存在全盘否定、全盘西化、固守复古、“为体为用”等思潮之间的相互争论，并形成拉锯战，使小学生思想道德教育中的国学教育始终曲折发展。新中国成立后，学术界对国学态度有所转变。1949年，中华人民和国建立，马克思主义的迅速传播及中国共产党的执政，对保护国学和中国文化的多元化起到了积极的作用。新中国成立初期，毛泽东曾经指出“伟大的胜利的中国人民解放战争和人民革命已经复兴了和正在复兴着伟大的中国人民的文化”②，一定程度上有助于推动小学生思想道德教育中国学教育发展。以毛泽东为代表的中国共产党人，历来重视对中国传统优

① 熊贤君．现代中国国学教育运动形成原因破译．《华东师范大学学报（教育科学版）》，2006（3）．

② 《毛泽东选集》第4卷．北京：人民出版社，1991：1516.

秀文化的继承与创新。在新中国成立初期的十多年，中小学的语文教材中，传统文化的经典作品占有相当大和相当重要的比例，甚至是独立成册的，这是把国学渗透到中小学的一种重要方式，小学生思想道德教育中国学教育获得稳步发展。但是，随后的“文化大革命”冲击了文化教育领域，小学生思想道德教育中国学教育受到破坏。与今天相比，不同之处在于，新中国成立后的十多年中，语文教材的传统经典篇目比今天的语文教材要多，表明小学生思想道德教育中国学教育的重视胜于今天。

4. 改革开放以来

改革开放以来，小学生思想道德教育中的国学教育继续发展。1978年改革开放以来，西方文化借改革开放国门打开之际传入我国，国学、传统文化又一次成为人们的话题。新一轮“国学热”在中国大地兴起，从北京大学、清华大学等高等院校先后设立国学研究院，到中小学开展绘画、书法、经典诵读等国学教育活动，甚至把国学教育、传统文化教育作为办学特色和科研课题来思考并实施，小学生思想道德教育中的国学教育不断发展。然而，这一时期小学生思想道德教育中的国学教育运动特别是经典诵读引发了广泛的争论。但不管如何争论，事实上不同程度、不同方式、不同内容的国学教育已经深入全国多数中小学，而且较为明确地把国学教育与小学生思想道德教育结合起来，探索国学教育与小学生思想道德教育的关系以及国学教育促进小学生思想道德教育的途径和方法。这一时期，到目前仍然是在争论中扩张着国学教育的影响。与前几个阶段相比，这个阶段小学生思想道德教育中国学教育的不同之处在于：这是中国文化影响力扩张的历史需求，是中国文化在多元文化影响下，重建中国文化、创立中国特色社会主义文化的历史必然，是张扬新时代爱国主义的历史需求，是文化竞争与扩张的历史必然，是基于为世界文化奉献新元素的自觉追求。

国学教育在我国近代、现当代的曲折发展历程说明，国学教育仍然有着深厚的实践基础，表现出国学的强大生命力，对于小学生思想道德教育具有重要意义，表明在新的历史时期，应在马克思主义基本原理和中国特色社会主义理论的指导下，继续开展小学生思想道德教育中的国学教育，进行更深入科学的小学生思想道德教育中的国学教育实践，推动小学生思想道德发展。

（二）小学生思想道德教育中国学教育的区域实践

当前，我国小学生思想道德教育中的国学教育已经进行了深入广泛的实践，一些地区和小学从理论与实践上对小学生思想道德教育中的国学教育作了探索。

江西省南昌市珠市小学从20世纪90年代初起就开始进行小学生思想道德教育中的国学教育探索，开办了珠市小学博文国学启蒙馆，把传统文化和现代教育有机结合起来，“学校设有博文国学馆，有固定的教室，有固定的教师，有固定的上课时间。全校每个教室里都设立了‘博文国学角’，每星期抄一段经典，学生每星期一早上集体读，每天利用每节课的预备铃与上课铃之间的空隙读，学生们还利用课余的时间读。在开展读经活动中，该校注重发挥课堂的主渠道作用，实行学科渗透”①。山东省济南市大明湖路小学从2003年起开始进行小学生思想道德教育中国学教育探索，把国学启蒙教育新课程设置于一至六年级，“该校自主编写的‘国学启蒙教育’实验课本，是以中国传统文化中的四书五经为主，选编了《诗经》、《论语》、《孟子》、《周易》、《左传》以及《岳阳楼记》等古文经典段

① 雷杰能．架一座化育童心的桥梁——南昌市珠市小学以国学经典开展社会主义荣辱观教育．《江西教育》，2006（7）．

落”[①]，通过开设国学课程，融国学内容于教材中，实现加强小学生思想道德教育目的。湖北省宜昌市东山小学进行了小学生思想道德教育中的国学教育实践，以“国学经典、古韵东山”为学校校园文化建设主旨，将国学经典纳入校本课程，开设国学课，重视学科渗透，将诵读活动引入课堂，“东山小学确立‘沐浴国学经典，打造书香校园’的特色办学思路，围绕‘给学生最适合的教育，让学生最快乐地成长’的办学理念，坚持‘传承国学经典之精华、培育笃学厚德之人才’的办学目标，把弘扬传统文化作为新形势下加强学生德育教育的生动载体，本着继承并激活传统，帮助学生从小打好语言文字功底，增强学生文化认知，提升人文道德修养的目的，广泛开展了以传统经典诵读为主要内容的国学教育活动，让中华民族传统文化走进每一个孩子心中，走进每一个孩子的家庭，走进学校的各项教学活动和育人过程。”[②] 这些地区和学校的小学生思想道德教育中的国学教育实践，为当前开展小学生思想道德教育中的国学教育奠定了坚实根基，提供了良好借鉴。

重庆市江北区的国学教育起步于20世纪90年代，先后在版画、书画、泥塑、根雕、竹编、叶画、剪纸、书法、烙画、编织等传统技艺上开展了国学教育活动，并形成了“一校一品”的办学特色。从2006年开始，重庆市江北区设计并启动了“国学江北”工程，并将其作为区域素质教育品牌来打造，先后开展了课题研究、教材编写、教师培训、课程设置、表彰国学教育特色学校等工作。重庆市江北区十多年的国学教育实践，成为探索小学生思想道德教育中的国学教育的鲜活实践依据。

---

① 袁振江．济南一小学增添‘国学启蒙教育’新课程．《班主任》，2004（4）．

② 谢斌，钱丽娟．国学经典新韵校园——宜昌市西陵区东山小学国学教育的实践写真．《学校党建与思想教育（高教版）》，2008（11）．

1. 与德育结合，不断提高小学生的人文精神

传统文化中有着许多修身做人的道理，传统文化在公民道德建设、社会主义荣辱观教育、和谐社会、推动精神文明建设等方面有积极作用。如重庆市江北区洋河花园实验小学开展的诚信水果吧、孝心俱乐部、三味书屋等丰富多彩的经典活动，有助于促进学生“温、良、恭、俭、让”良好道德品格的养成；有些学校通过诵读古代浅显的优秀诗文和历史优秀人物的故事，帮助学生树立爱国报国的思想，促进学生形成良好的人格，帮助学生形成正确的社会价值观和荣辱观，为提升民族的人文与思想道德素质打下基础；江北区鲤鱼池小学通过书法、绘画的教育，使学生感受其中蕴涵的思想、特殊韵味和趣味，让传统文化进入学生的血液，培养起健康的审美情趣和人格素养。“家长学校”是学校和家庭沟通的重要渠道，也是通过“国学江北”活动构建“和谐江北”的重要途径。把“国学教育”作为“家长学校”建设的重要资源，通过学生“国学”水平的提高向家庭和社会辐射，不断转变家长观念和意识，提高家庭教育水平，从而推动和谐社会的构建。

2. 与教学结合，濡染中提高小学生的人文素养

在常规教育教学活动中全面贯穿“国学教育”内容。结合新课程实施，通过校本教研和课题研究，积极探索在常规教育教学活动中贯穿“国学教育”的形式和途径，使“国学”的精髓与学校教育内容融为一体，使学生在身心健康发展的同时，打下较好的国学根底，实现“国学”精神与素质提高的统一。如江北区培新小学编写了一系列校本教材、五里店小学编写了《中华经典文化校本教材》，洋河花园实验小学结合“传统教育主题”分年级编写了一套《诵经典、知荣辱，做中华好儿女》校本教材，鲤鱼池小学、钢锋小学、福宁村小学等学校都结合国学教育主题编写了校本教材。有的学校还将语文、政治、历史等课程与传统文化的传承结合起来，充分发

挥课堂主渠道的作用。

3. 与特色办学结合，促进学校内涵发展

经过多年来的研究和探索，重庆市江北区各个学校在“一校一品、形成亮点、办出特色”上做出了成绩，初步形成了“百花齐放，欣欣向荣”的良好局面。基于已见成熟的办学特色，各校积极挖掘国学教育因素，结合实际，开发有特色的校本课程，并在此基础上进行外延拓展，把书法、绘画、传统艺术、毽球等有机结合在校本课程之中，最终形成以经典诵读为基础，课堂渗透和校本课程为主渠道，特色活动为载体的国学教育模式，并加以推广普及。这样逐渐从单一的学校特色向具有独特的整体办学风格的学校发展和深化。

4. 与师资培训结合，提高老师的综合素质

为了更好地把国学教育深入持久地开展下去，区教委成立了国学教育专委会，负责重庆市江北区国学教育的研究和培训工作；成立了国学教育自主工作室，搭建起了培养重庆市江北区高素质国学教育专业教师队伍的平台；邀请西南大学教授曹廷华、廖其发、四川师范大学著名国学讲师李里等专家来江北区作专题报告，观看台湾大学教授王财贵的国学讲演光盘。重庆市江北区通过聘请专业人员培训、座谈交流、讲座等方式对教师进行专业培训；开展国学教育骨干教师培训，解读国学教材，探讨国学教育策略，从各个层面去解读、揭示国学教育的方法和规律。

5. 与评价结合，探索学习过程管理策略

一是测查学习效果，江北区培新小学实行了期末等级考试测查，并逐步完善，采取书面测查和诵背测查相结合、分班测查和统一测查相结合、常规测查与竞赛相结合的评价策略；二是探索学习策略，从最初单一的诵读，到趣味化诵读，再到识字、诵读、理解相结合的全方位诵读，适应学生逐步提升的需求。

6. 与科研结合，探索经典诵读课程化

重庆市江北区立项了一批区、市、国家级国学教育课题，研究国学教育的课程、教材以及途径与方法。一是国学课程的定位：中小学国学课程是一种培养综合素养的中国文化课程，其课程理念是置身于世界文明的大格局下，以国学为根，注重中国古代文明与现代文明、东方文明与西方文明的整体观照，体现严谨学风、现代眼光与批判意识的结合统一。二是国学教材的建设：在江北区现有几种国学经典诵读校本教材的基础上，分学段、年段编写出版重庆市江北区统一的《国学经典选读》教材，其课程内容的特点是凸显纯正的文化趣味、根源性的文化智慧与刚健有为的人生态度。三是纳入课程体系：国学纳入中小学课程体系，小学每周1节课，使国学成为中小学常规的文化通识课程；每年暑假，分别组织3天的校级干部培训和不少于5天的国学教育教师培训。

重庆市江北区的国学教育实践有三个特点。一是把民族特色文化作为思想道德教育的主要内容，用优美的民族传统艺术陶冶了学生的民族情怀，既实施了以爱国主义为主要内容的思想道德教育，又进行了学生人文精神的教育，成为建构中国特色社会主义理论探索的组成部分。二是把国学教育作为区域行动，在课程和课时中落实，体现了在小学生思想道德教育中开展国学教育的区域教育的战略意识和战略部署，是对小学课程框架的有益探索。三是把重视国学教育的师资人才储备，逐步培养了一批承担国学教育的教师，这是真正把国学教育视为教育大计的有力举措。重庆市江北区国学教育的这些实践，是本书研究小学生思想道德教育中国学教育的实践依据。

第二章　小学生思想道德教育中的国学教育目标与原则

开展小学生思想道德教育中的国学教育，需要确立其目标和原则，并用这些目标和原则指导国学教育的内容选择、策略实施及制度保障。目标决定着原则，原则体现着目标，二者相互制约相互促进。

一、小学生思想道德教育中国学教育的目标

着眼于小学生思想道德教育研究国学教育，首先需要明晰其目标，即明确通过国学教育促进小学生思想道德教育发展的目标，把握所要实施的国学教育目标自身的内涵与特点，确定国学教育目标的具体内容。

（一）小学生思想道德教育中国学教育目标的内涵

教育目标是教育的基本要素，体现了教育实践活动的方向和预期结果，既是教育实践活动的出发点，又是教育活动的最终归宿，体现了教育思想及其行动所期待达成的人的发展的标的和标准。教育目标明确而具体地表述了教育实践活动所将要实现的结果，反映了教育对象在历经教育影响后所形成的预期行为变化。教育目标是一个多层面的系统，大到整个国家、人类的教育目标，小到具体的课堂和教育行为，都应该有明确的、系统的教育目标。小学生思想

道德教育中的国学教育目标，主要着眼于小学生思想道德健康发展，落脚于国学教育行动，体现小学生思想道德发展所要达成的一系列标的和标准，基本要求是依凭于国学教育，促进小学生思想道德水平全面、和谐、健康、可持续地发展。概言之，小学生思想道德教育中的国学教育目标，即小学生思想道德教育活动所希望实现的预期结果，是对小学生思想道德发展水平的一种预期设定。

1. 国学教育目标是一种素质教育的目标

“教育的终结目的是为了使受教育者在社会中获得生存和发展的能力，从而使受教育者能够更好地生存和发展。”① 这种“生存和发展的能力”，其实就是人的素质。这种素质不仅是为了受教育者个体，还要让受教育者明确地认同，他的“生存和发展能力”必须为社会的繁荣和国家的兴旺服务。因此，也可以说教育的终极目的是发展人的素质，是为了人的素质的全面、和谐、可持续发展，这样的教育目标就是素质教育目标。

“生存和发展能力”是多样的，人的素质是多元的，教育目标也由多元的目标系统所构成。在教育目标系统的建构及其内容之中，民族传统文化具有重大的影响和重要的地位。有学者提出：“正视文化传统的客观存在，并揭示其对教育目标产生影响的机理，对于教育目标理论研究的深化以及在新时期制定和实施现代化的、富有中华民族特色的教育目标，有着重要的理论价值和现实意义。”② 并认为文化传统影响着教育目标形成的一般过程，影响着教育目标的性质和效果。由此可知，文化传统影响着教育目标的形成、制定、内容、性质和育人效果。所以，传播文化传统的国学教育不仅影响教

① 郝云霞．简论教育的终结目的．《沈阳师范大学学报（社会科学版）》，2010（1）

② 曾伟．文化传统影响教育目标的理论分析．《高等教育研究》，1996（1）．

育目标的形成与制定，也影响教育目标的内容与效果。把国学教育目标纳入教育目标，纳入当今的素质教育目标系统，使之成为素质教育目标系统中的重要内容，是深化并实施素质教育的时代需求。

2. 国学教育目标是一种道德教育的目标

教育目标的形成与制定，受到多种因素的制约与影响，如社会性、时代性、教育教学规律和原则、教育对象等方面，而与社会性、时代性紧密相连的就是历史性和文化性，即教育目标还受到传统文化的制约与影响。传统文化对教育目标的影响主要表现在文化价值观、文化认同感和道德文化影响等层面。

有学者认为，教育具有自然、社会、人文的三重属性。自然属性指教育对经济发展的功能，社会属性指教育对社会政治的服务功能，人文属性指教育要“更注重人与自我（个体）以及人与超我（终极关怀）之间和谐共存的关系”①。这里所说的“人与自我（个体）以及人与超我（终极关怀）之间和谐共存的关系”，属于人文教育，也主要表现为道德教育。道德教育从来就不是凭空出现、割断历史的，而是传承历史、延续文化的。也就是说，教育目标包括人文教育目标，人文教育目标包括道德教育目标，道德教育目标的重要源头包括传统道德教育。所以，通过国学教育所进行的传统道德教育，是为适应时代发展需求的道德教育，国学教育目标事实上就是一种道德教育目标。

3. 国学教育目标是一种思想教育的目标

社会属性是教育的本质属性之一。这就意味着，既然教育是随着社会的发展进步而发展进步，教育就成为社会的本质属性和主要功能，教育就必须为社会服务，服从社会的需求。社会需求往往以社会政治意识和国家民族意志作为主要表现形态，即教育要服从社

① 金忠明．反思新中国的教育目标．《群言》，2010（2）．

会政治意识和国家民族意志。这种服从与服务，集中体现在我们常说的“思想道德”中的“思想”或者“思想政治”的教育活动之中，教育目标也就必然包含思想教育目标。

在教育目标的本质属性上，“教育目标既有形而上的道的意蕴，即终极目标和理想；也有着形而下的器的特性，即实践的当下性。因此，教育目标具有理想和现实的双重特征。”① 不论是“道的意蕴”，还是“器的特性”，都包含着社会属性，都体现着社会政治和国家意志，都呈现在教育目标的思想教育目标之中。众所周知，我国传统文化教育中有句名言“修身齐家治国平天下”，其中“治国平天下”很明显是属于社会属性，是社会政治和国家意志的体现，是属于思想教育的目标，而这种目标，要依靠“修身”来奠基和完善。所以，国学教育目标也是一种思想教育的目标，与我国教育理想的终极性、教育方针的规范性和教育目标、培养目标的阶段性是水乳交融的。

（二）小学生思想道德教育中国学教育目标的特点

确认小学生思想道德教育中国学教育的目标指向，明晰这种目标的特点，对适切地把握目标的具体内容，有效地促进小学生思想道德发展，具有原理性的指导作用。

1. 继承性与创造性的统一

小学生思想道德教育中的国学教育，其终极目标是培养人。这种人是一种承先启后的人，其思想道德的确立也理所当然是承先启后，即是在继承与创造中形成其独有的思想道德品质，使思想道德教育中的国学教育目标具有继承性与创造性的特点。

第一，思想道德的确立源于继承。有学者指出：“中华民族传统

① 金忠明．反思新中国的教育目标．《群言》，2010（2）．

美德前源流水，源远流长，具有深层的本体继承性。从孔子到孙中山到毛泽东，其优秀文化传统，不可分离，其本原血统不可分离。就道德来讲，前一个社会道德影响下一个社会道德，下一社会道德凝聚上一社会的道德成果。今天的社会主义道德绝不会脱离各阶段道德教育的历史长河，必然接受这长河的前源流水。”① 也就是说，一种社会的思想道德的形成，必然要传承、凝聚前一个社会形态的道德教育。国学教育是传统文化的教育。基于小学生思想道德教育中的国学教育，主要是道德文化的教育，而道德文化主要蕴藏于国学之中。所以，能够促进小学生思想道德发展的国学教育目标必然具有继承性。这种继承性体现为继承一个种群共同认同的核心价值追求、继承部分道德标准、延续一些道德体验。

第二，思想的道德发展始于创造。与整个社会、经济、文化、政治的历史演变相比，道德文化的演变相对较为缓慢，往往与巨大的社会、思想变革一同演变。在现当代，中华民族道德文化的演变经历了三个历史时期：其一是五四运动前后，开始对传统道德的全面逆反；其二是中华人民共和国建立之后，开始建立社会主义的新道德文化；其三是 1978 年的改革开放之后，开始基于世界文化背景，致力于建构具有中国特色社会主义的道德文化。“破旧立新”是这三个时期道德文化发展的共同特点。所以，创造性是道德发展的基本特点之一。不论这种创造表现为温和的变革，还是表现为激烈的“反叛”，它都是基于现实的纵坐标、着眼世界的横坐标，采用比较鉴别的方法来实现的。具体来说，道德发展源于以下创造。

（1）立足于民族现实的创造

与时俱进，是人类文明的生存法则和总体规律。所谓“时”，就

① 栾传大.《中华民族传统美德教育实验研究文集》第五卷.长春：吉林教育出版社，2000：58.

是“现实”、“时代”的需要；所谓“进”，就是“进化”、“创生”出新的内容。道德文化无一例外。确立国学教育中的思想道德教育目标，也是与时俱进的，是根据当今中国的社会经济文化政治现实需求，“进化”、“创生”出符合当今中国发展所需要的思想道德教育目标。否则，包括国学教育在内的任何教育都将失去教育的本质与根基。

（2）着眼于世界发展趋势的创造

国家是世界之中的国家，民族是人类之中的民族，民族道德是人类道德之中的道德。任何民族的思想道德教育目标都不可能“闭关锁国”，不可能与其他国家、其他民族、其他道德文化处于绝对不同和“对峙”的状态。国学教育中思想道德目标的确立，必然蕴藏着人类共同道德的基因，与世界社会经济文化政治发展趋势相趋同，形成既相对独立又相互沟通的思想道德文化准则。世界发展趋势，是国学教育中思想道德目标建设的另一个必不可少的横坐标。

（3）比较鉴别基础之上的创造

确立思想道德标准的具体内容，还必须通过比较鉴别的方法来产生。比较鉴别的依据主要在于：是否能够让个体的人有道德幸福感，是否能够让群体社会有道德和谐感，是否能够让国家和民族有道德自豪感，并体现国家和政府的道德意志。确立国学教育中的思想道德教育目标，就是通过这种多维的比较鉴别来创生。

小学生思想道德教育目标坚持继承性与创造性的统一，就是要使教育目标的确定既与中华民族传统思想道德一脉相承，又要根据当代小学生思想道德实际推动中华民族传统思想道德向前发展，实现中华民族传统思想道德的现代化，使小学生思想道德教育目标在承接传统思想道德基础上有所发展、有所进步。

2. 历史性与现代性的统一

着眼于小学生思想道德教育的国学教育目标系统是一个整合体，

是历史与现代的整合体。国学教育是中华民族历史精神文化的教育，其目标是认同民族历史文化精神，涵养民族历史文化情怀，使学生具有民族历史文化的底色。同时，国学教育不是仅仅为了认知历史，更是为了面向现代，面向未来。所以，小学生思想道德教育中的国学教育目标具有历史性和现代性相结合的特点。

第一，道德在历史中延续。小学生思想道德教育的目标不是凭空产生的，其深层根基在民族文化的历史传承之中，源于民族文化对“作为人”、“成为人”的道德规范之中。为促进小学生思想道德教育而实施的国学教育，其目标对道德文化的历史延续表现在以下方面。

其一，道德目标是历史智慧的延续。任何一个智慧民族都会在其浩瀚的文献中留下先辈和民族的人生智慧。这些智慧是先辈对人生、社会、自然、宇宙认知的结晶。国学教育中的思想道德目标无疑应该关注这些智慧。例如《老子》有言：“知人者智，自知者明。胜人者有力，自胜者强。”① 在两者的对比之中，教人要“自知”、“自胜”，培育一种正确认识自己的胸怀，磨炼一种战胜自己的意志，这就与今天所说的“学会做人”渊源相牵。其二，道德目标是历史精神的继承。任何一个民族都因其历史精神的精粹而繁衍昌盛。这种民族精神的精粹是国民道德精神的核心。国学教育中的思想道德教育目标必然要延续那些民族精神的精粹。例如“位卑未敢忘国忧”的爱国情怀，“富贵不能淫，贫贱不能移，威武不能屈”的民族精神操守，都是华夏民族历史精神中的精粹，当今小学生思想道德教育应该将其纳入道德发展的目标范畴。其三，道德目标是对社会理想的确认。思想道德教育小到对自己、对个人，大到对社会、对国家。一个民族在道德追求上还表现为一些历史性的憧憬。例如《孟子》

① 何成银．国学经典选读．重庆：重庆出版社，2008：49.

有言："人人亲其亲，长其长，而天下太平。"① "老吾老以及人之老，幼吾幼以及人之幼。"② 这是对人与人和谐、社会和谐的一种憧憬，也是对社会成员的一种道德期待。为小学生思想道德健康发展而实施的国学教育，其目标当然也应该吸纳这种历史文化中的道德憧憬，融汇中国特色社会主义的道德精髓和时代对思想道德的期待，建设具有中国特色的道德文化。

第二，道德在现代中衍生。思想道德教育目标的内容和表征具有现代性，是在时代中衍生的。用国学教育来促进小学生的思想道德教育，其目标的内容与表征需要向现代转化，更需要用现代作统领。

国学中的道德价值标准具有历史性。当今开展国学教育，在国学教育中促进小学生的思想道德发展，需要使传统道德标准的内涵向现代转化。例如"亲亲而仁民，仁民而爱物"转化为与今天倡导的"博爱"思想；"老吾老以及人之老，幼吾幼以及人之幼"转化为今天的"尊老爱幼"道德要求；"己所不欲，勿施于人"与今天的"民主自由"思想关系密切。国学对道德价值观有着自身的话语体系，随着思想道德建设的现代化，它们在逐步地向现代演变。例如关于仁义礼智，《孟子》有言："恻隐之心，仁之端也；羞恶之心，义之端也；辞让之心，礼之端也；是非之心，智之端也。"③ 今天把"恻隐"和"仁"概述为"爱心"，把"义"和"是非之心"衍生为"正义感"，把"礼"衍生为"谦让"，然后又提出"学会做人"的育人目标。

德育目标内容随时代衍生。中国的国学中，"孝"是立人立国之

① 赵华伦．国学经典之四书品读·离娄上．北京：商务印书馆，2008：611.

② 赵华伦．国学经典之四书品读·梁惠王上．北京：商务印书馆，2008：516.

③ 赵华伦．国学经典之四书品读·公孙丑上．北京：商务印书馆，2008：548.

本。《弟子规》把“孝”的内容及其要求发挥得淋漓尽致，《孟子》也历陈“五不孝”的危害。在今天，“孝”作为道德标准几乎消失，取而代之的是“尊敬父母、体谅父母”。但“尊敬”、“尊重”、“体谅”的潜台词很丰富，加上独生子女对溺爱的索求无度、安然享用，使家庭道德面临新的危机，并向家庭道德提出新的挑战。

小学生思想道德教育目标坚持历史性与现代性的统一，就是要使教育目标的确定既与中华民族传统思想道德相衔接，又要适应于当代经济社会发展思想道德需求和时代特征，使小学生思想道德教育目标既承继民族历史轨迹，又贴近现实实践。

3. 民族性与开放性的统一

小学生思想道德教育中国学教育的目标不能故步自封，不能局限于国学自身的道德价值体系，必须与全球化、信息化、多元化的时代要求和世界趋势相适应，因而国学教育的目标应同时具有时代性的特点。

第一，民族性是德育建设的根基。一个民族的每一次成功进化，其标志是民族更强大、更进步。追究其成功的原因则必然在于，这种进化与革新是在适应其民族性基础上的进化。因此，思想道德教育的成功，必然以传承、革新其民族性为根基。

文化认同是民族凝聚的基础，文化认同的核心是道德文化的认同。没有这种同民族道德文化，其民族不可能建立；这种同民族文化认同一旦消解，这个民族必然解体。所以，坚守道德文化中的民族性，是强化民族凝聚力、保障民族兴旺发达的黏合剂。人类个体的生存与发展，首先基于对自身生存空间的归属感。没有这种归属感，他会因为孤独、孤立而逐渐丧失生存并发展的斗志。道德是人类个体灵魂及精神的生存空间，这种空间也是需要民族性这种归属感的。道德、灵魂、精神的生存空间越富足，越具有民族的群体力量，越能够为国民提供生存与发展的安全感、幸福感和自豪感。因此保有道德的民族性，是为了使民族成员拥有归属感，并为自身的民族道德文化而自豪。

没有民族道德意识的认同，就没有国家意识的认同。传承并保有民族性的道德教育目标，是张扬国家认同、投身国际竞争的国家战略。因此，具有民族性的道德文化，成为国家之间赢得竞争的意志力保障。

第二，开放性是德育发展的必然。吐故纳新是小学生思想道德教育中国学教育的基本途径和成功保障。“纳新”是在民族交流中进行的，是在汲取世界各民族、各国家的优秀文明中完成的，只有坚持开放性，民族性才能得以保存和发展。坚持开放，对外融合，是民族进化的新平台。民族进化是在民族碰撞中完成的，这种碰撞首先是民族文化特别是民族道德文化之间的碰撞。没有这种碰撞，民族会退化，民族文化会落后，民族道德文化会“腐烂”。因此，形成具有世界视野的道德文化，确立具有世界性特点的道德价值观，是推进民族进化的新的平台。

小学生思想道德教育目标坚持民族性与开放性的统一，就是要使教育目标的确定既与资本主义思想道德相区别，又要充分体现社会主义思想道德的特性，充分彰显中华民族优秀传统，使我国小学生思想道德教育在立足民族土壤的同时又面向世界积极发展。

（三）小学生思想道德教育中国学教育目标的主要内容

小学生思想道德教育中国学教育目标的内容，涉及小学生思想道德发展的国学教育目标的具体层面。小学生思想道德教育中的国学教育目标主要包括总目标、具体目标和层次目标。此处的总目标是指在小学阶段，国学教育所要促使并达成的小学生思想道德发展的总体标准和规格；具体目标是对总目标的分解，并支撑总目标的实现。

1. 总目标：为培养有民族文化根基的现代人奠基

国学教育的目标是为了培养有民族文化根基的现代人，在小学阶段，则是为培养民族文化根基的现代人奠基。

（1）民族文化根基

把“民族文化根基”作为小学生思想道德教育中国学教育的目标，是由“民族文化”的本质含义、历史和现实的价值以及“民族文化根基”的主要内容决定的。

民族文化主要包括物质文化、制度文化和精神文化。“民族传统文化是在带有威胁性的民族交往过程中，相对弱势民族为取得民族文化地位和社会资源而对抗较强一方文化的一种工具。这种民族传统文化只能是人们的一种集体历史记忆，是现实语境下有特定目的的具有话语权的组织或个人造就的集体记忆。”① 也就是说，作为民族历史记忆和集体记忆的民族传统文化，是一个民族实现民族内部种群认同的工具，是民族内部实现内部凝聚、生存发展的工具，而用来达成民族认同、促进内部凝聚、强化生存发展的“记忆”，一定是民族传统文化的精髓。这种精髓，就是名族传统文化的根基。正是基于“民族传统文化根基”的这种本质含义，这种民族“记忆”的精髓，必然成为小学生思想道德教育中国学教育的总目标。

在民族传统文化所包含的物质文化、制度文化和精神文化中，“物质与制度文化追求适用与理性，易于接受外来文化。精神文化的对外标志性作用明显，成为对抗外来强势文化的工具，并被不断再造”②；同时，精神文化不仅是“对抗外来强势文化的工具”，也是区分民族种群的工具。尽管当今世界越来越强调“地球村”，强调世界

① 李自然．民族传统文化的本质及特征刍议．《中央民族大学学报（哲学社会科学版）》，2008（5）．

② 李自然．民族传统文化的本质及特征刍议．《中央民族大学学报（哲学社会科学版）》，2008（5）．

文化的融合性与趋同性，但事实上这种融合与趋同是由强势文化所主导的，民族文化在竞争中求得生存与发展，是每一个民族面临的共同问题。中华民族要求得更“自由自在”的生存空间，必然要参与这种生存和发展的竞争。所以，“民族文化根基”还是民族生存竞争的工具，必须作为小学生思想道德教育中国学教育的目标予以高度关注，否则，我们的民族成员就会成为一群“失忆”的人；长此以往，我们的民族也会成为一个“失忆”的民族，就会在世界文化的融合与趋同中消亡。

任何民族的传统文化精髓集中蕴涵在精神文化之中，民族精神文化主要体现为一个民族的民族精神。“中华民族精神可以分为两大类型。一是中华民族主体精神，这就是‘十六大’报告提出来的以爱国主义为核心，以团结统一、爱好和平、勤劳勇敢、自强不息为主要内容的‘五种民族精神’；二是既包括‘五种主体精神’又蕴涵求真务实、博大宽容、艰苦奋斗、尚仁重义等主要内容的基本民族精神。”① 这些民族精神的内容，其实就是民族道德文化的精髓；这些民族精神以道德根文化的方式“浸漫”着、“润物细无声”地影响着民族成员的成长和民族种群的生存与发展。换个角度说，道德文化是对民族精神的具体化，是人类经历相当程度的发展、逐渐积淀而成的关于人自身修养、人与人的关系、人在社会中的地位、人与自然的关系等方面的自觉意识和行为准则系统。而民族传统文化中的思想道德文化，主要指在民族文化中积淀的、有民族特征的、具有道德传承价值和道德张扬力的道德认同、道德情怀及道德行为。所以，本书中的“民族文化根基”主要是指民族道德文化的根基，是将民族主体精神和民族基本精神具体化为小学生的民族传统优秀

① 涂可国．论中华民族精神的基本结构与主要特征．《山东社会科学》，2006（3）．

道德，使小学生体认民族精神，形成对民族精神的自觉意识和初步行为规范。

（2）现代人

首先，“现代人”是一个时间概念，指生活在当下这个时代的人。其次，“现代人”是一个社会学概念，指适应当下这个社会、为了当下这个社会的人。然后，“现代人”是一个人本主义的观念，指追求个人价值实现与个人价值地位的人。最后，“现代人”是一个全球性概念，指基于经济全球化、地球“村庄化”、价值观遽变化背景及趋势的人。“现代人”具有多元内涵，离开时代阶段、社会性质、民族差异和主体价值体系，很难刻画具体的、个性的“现代人”及其国家要求与个体期待。“现代人”思想道德发展包括共性特质和个性特质。

一方面，“现代人”的共性特质有五方面。其一，多元性。现代社会是信息快速交往的社会，伴随着信息的是多种价值观，致使不同的价值观不断地轰击着每个人的心灵、精神和道德世界，形成了不少人在道德认识、道德情绪上的多元性。其二，复合性。现代人的道德价值如果说有一个体系，那么多数人的这种体系是一种多面体，而且是一种复合而成的多面体，也就是说，现代人的道德价值观是经过不断地复合而成的，具有复合性的特质。其三，异变性。人的道德价值体系有许多个子系统。这些子系统会因为多元价值观的不停冲击而发生异变。当子系统的异变达到一定程度时，其整个道德价值观体系就会有质的演变。现代人的道德价值观体系经常处于异变之中，具有异变性的特质。其四，合作性。由于价值观体系的多元激荡与异变不断，现代人要维持自身的精神稳定，确保个人的行为成功，就必须要与他人合作。合作性就成为现代人群体认同并奉行的道德行为准则。其五，政治性。对现代人来说，“政治性”并不是一个“现代人”群体都崇尚的道德期待或者道德准则，甚至不少人因为对经济的追求而放弃“政治性”。但是，“政治性”是社会人的一种隐性特质，自觉或不自觉、有意识或无意识都生活在一定的政治环境之中，或强或弱都具有某种政治倾向。所以，政治性也是现代人不能回避、无法剔除的一种特质。

另一方面，“现代人”的个性特质有四方面。其一，时段性。就现代人的个体而言，其道德价值观的形成与演变具有阶段性的特点，即他的道德价值认同、体验乃至行为会因时间阶段、年龄阶段、环境变化而表现出不同的偏向，形成有明显差异的道德行为。其二，适应性。现代人会面对不同道德价值观的生活环境乃至社会环境，他一旦决定要在这种环境中较长时间地生存，就会迫使或主动地调节自己，使自己的道德价值认知、情绪以及行为努力适应所在环境，表现出极强的适应性特质。其三，独立性。现代人的群体归属意识强弱不一，但“做自己”的独立意识无疑是他们的个性“执念”；“做好自己”、“做强自己”是现代人每个个体确认自身存在价值、激励自己不断奋斗的强大内驱力。独立性是现代人道德价值的基础。其四，逆反性。对现代人而言，逆反性也可以说就是一种批判性。现代人对“他信息”、“过往”，特别是对历史总是质疑或审视，随时准备根据自己的现实需求，毫不犹豫地舍弃他人或从前认同的道德价值观。他们的经典语言是“那是别人”，“那是以前”；也就是说“不是我”，“不是现在”。

认知并获取民族传统文化中的优秀道德精华，培育当代中国和国际视野中的现代思想道德价值观，就要从小学生的思想道德教育中奠基，从对小学生的国学教育中开始。为培养有民族文化根基的现代人奠基，无疑就成为小学生思想道德教育中国学教育的总目标。

2. 具体目标

小学生思想道德教育中国学教育的具体目标，是对总目标的分解，是总目标的具体化，大致有以下几方面。

（1）蒙以养正

学术界非常重视对“蒙以养正”的研究，有学者认为，它是中国古代非常重要的一种教育思想；有学者还认为，它是一种中国古代的精粹的教育理论，并把“据性挖潜，蒙以养正，授之以法，实践创新”一起称为中国科学教育的“四大支柱”，认为通过“蒙以养正”，能够“对孩子实施仁爱之道、智慧之道、学习之道、诚信之道、孝敬之道等适时恰当的针对性教育，对人生发展来说，将具有穿越时空的永恒价值”，并把“蒙以养正”具体解析为“养性”、“养心”、“养育”和“养学”四个方面[①]。

由上可知，“蒙以养正”是我国古代对小学生的学习和成长提出的要求，可以视为一种对小学生的教育目标。所谓“蒙”，即启蒙学习、启蒙教育的意思；也指蒙动、萌发的时段。一句话，“蒙”指的是时段性内容、途径及方式。所谓“养正”，关键是“正”，其意思是正常、正确、规范、正义、正气等；其次是“养”，意味着是养成、涵养，而不是灌输、强迫。“蒙以养正”的“正”，更多地指正常、正确、规范的行为习惯，或是指符合为人准则、有利于小学生成为“君子”的言行举止。需要强调的是，“君子自强不息”、“君子厚德载物”是对“君子”的总论，也是“蒙以养正”中“正”之核心。

因此，“蒙以养正”作为小学生思想道德教育中国学教育的具体目标，主要在于要养成正确、规范、科学的行为习惯，为“自强”、“厚德”品性的养成而启蒙奠基。

（2）修身养性

“修身养性”是我国古代对人的自我修养、人格与人品修养、道

① 乔炳臣．中国教育的实质性问题——据性挖潜蒙以养正授之以法实践创新．《教学研究》，2009（6）．

德修养的一种独有话语称谓。“修身”与“养性”互为途径，互为因果；任何一方的完善都将有利于另一方的发展与完善。“修身”和“养性”各有侧重：“修身”的“身”主要指身体的行为，而且是广义的包含言行举止的“行为”，即要经常修正、规范人的行为；“养性”的“性”，主要指的是心性、品性、德性等涉及心灵、精神层面的品质。同时，“修”侧重于修正、锤炼、锻炼，而“养”侧重于涵养、养成，即注重是“染于苍”还是“染于黄”。

所以，“修身养性”是小学生思想道德教育中国学教育的具体目标。小学国学教育实践要结合小学生思想道德教育的现实环境和时代语境，探索达成“修身养性”目标的有效举措，锻炼小学生的言行举止，涵养小学生的心性品质。

（3）立志养德

“立志养德”作为小学生思想道德教育中国学教育的具体目标，比“蒙以养正”、“修身养性”更上层楼。所谓“立志”，一般指确立人生发展的目标，但对于小学生来说，未必就能够确定始终不渝的人生发展目标，而是选择一种发展兴趣，确立一种为之而努力奋斗的精神。同时，从“思想道德”中的“思想”层面说，“志”带有越来越明显的社会特征和政治色彩，对小学生来说，至少要开始接触“家国”，即家乡、国家、民族乃至于社会主义层面的道德标准内容。所谓“养德”，指养成一种德行和品德；这种德行与品德比之“养正”、“养性”，更倾向于“志”，层次更高也更为稳定，是小学高年级学生应该达到的程度。“立志”与“养德”也是互为途径，互为因果，相互促进。

以上三个方面的具体目标，具有递进性，相互联系，共同促进小学生思想道德素质健康发展。

二、小学生思想道德教育中国学教育的原则

原则，即个体在人生活动中认识世界和改造世界的准则，是个体在长期实践中经过检验所整理出来的合理化标准，反映了个体认识世界和改造世界所依据的法则或标准，缘于对自然界或人类历史的抽象。小学生思想道德教育中国学教育的原则，即小学生思想道德教育中国学教育所赖以遵循的法则或标准。小学生思想道德教育中的国学教育有着自身的特点与规律，尤其是把国学教育置于小学生思想道德教育的范畴，对国学教育的实施提出了特有的要求，需要确立基于小学生思想道德教育的国学教育的原则。

（一）小学生思想道德教育中国学教育原则的依据与构成

实施国学教育，特别是为促进小学生思想道德教育而进行国学教育，需要吸纳古今中外的优秀教育理念和教育策略，明确国学教育的原则及其原则确立的依据，才能有效地开展国学教育。

1. 小学生思想道德教育中国学教育原则的确立依据

教育原则，是实施教育活动的基本指导思想、基本执行理念，是对教育内容、教育策略、教育目标和教育主客体行为的规范性要求。这些思想、理念和行为规范的确立，应该以古今中外优秀的教育思想和教育理论为依据。

（1）中国古代德育教育理论

中国古代德育教育理论闪耀着丰富智慧，对于当代小学生思想道德教育具有重要指导意义。中国古代德育理论的优秀成果，为当代小学生思想道德教育中的国学教育提供了重要依据。中国是以道德立国的，华夏民族是以道德教化民众的，国学之中蕴涵着丰富的、优秀的思想道德教育理论。建构有利于当今小学思想道德发展的国学教育原则，理所当然在渊源上应该吸收国学中的道德教育理论。

这些道德教育理论包括如下几方面。

爱心滋养，严慈相济。小学教育应以爱心为本，从关爱小学生做起。所谓“爱心滋养”，就是以慈爱的心灵关怀、呵护小学生，用说理的方式教育、感化学生。所谓“严慈相济”，包含三层意思：一是年幼以慈，年长以严；二是慈以辞色、严其学习；三是家教一向慈爱的要严加教育，家教素来严谨的要慈爱宽容。以上表明小学生思想道德教育中的国学教育应既要热情关怀，又要严格要求。

因资施力，循序渐进。学生的天资潜质有高有低，特别是“天才”与“死板”之间相差明显，所以应该“浅人浅解、深人深解”，“与资相合”，不能不分高下深浅，一概而论。同时，不论何种资质，都要循序渐进，逐步攀登，在教学内容和方法上层层递进，因人而异，只有“斟酌变通”，才能让更多的学生各得其所，共同进步。以上表明小学生思想道德教育中的国学教育应个别化对待，针对不同学生特点因材施教。

边读边讲，通俗适切。教小学生读书，应当边读边讲，随文释义，“久久胸中自能有所开悟”。如果只读不讲，学生“无心念经”，不知文意，即使读得再多再熟，也难以达到心有所悟的境界。“故先生教学工夫，必以勤讲解为第一义。”给初学者解读，要用浅显易懂的话语加以解释，“宜说白话，指实事，道俗情。”要使“仆僮炊妇”听了，都能“手舞足蹈”，这才是“真讲书”。读书是为了学做人，因为“学要切己”。要使学生将书中的每句话都和自己联系起来，有所感悟，有所认同，照着去做。以上表明小学生思想道德教育中的国学教育应把理论学习的阅读与阐述结合起来。

正面引导，少施惩戒。老师教育学生要多多正面开导，经常“好言劝谕”，用正面的道理和仁善的事例打动学生。所谓“上之动以圣贤、德业，次之动以功名、富贵，再次之惕以利害、祸福”，虽然其中有封建社会及其阶段局限，但其“上之”、“次之”和“再次之”的层次和着眼的角度值得今天的思想道德教育借鉴。其中的“上之”，指向了名人和道德修养；“次之”指向了个体人生志向和发展目标；“再次之”指向了反面事例和反面教材。其思维层次和内容可以借来应用。同时，多读“仁心善行”的书籍，宣传仁人志士的德行功业，这是教育小学生的主要功课，要常常与学生讲说。长此以往，即使再顽劣、愚钝的小学生，也会“久闻其香则香”，并“染于苍则苍，染于黄则黄”，自然会逐渐反省体悟，追求上进。如果常施惩戒，学生往往会失去自信，“破罐子破摔”。以上表明小学生思想道德教育中的国学教育应给予学生积极引导和鼓励。

身正端品，不言自威。先哲早有教诲：“其身正，不令而行；其身不正，虽令不行。”教师、家长是孩子的榜样，所谓“前人兴，后人跟”的俗语也是这意思。还有成语“桃李不言，下自成蹊”，为什么会有那么多人接踵而至？因为有桃李的芬芳和果实的香甜，就会诱导人趋之若鹜，对人产生自然的吸引力。所以，任何一个老师都应当仁善勤勉，达到“不言自威”的育人境界①。以上表明小学生思想道德教育中的国学教育应重视身教，重视教师的榜样示范作用。

近朱者赤，近墨者黑。古代思想家十分注意环境、氛围对人的性情、品行所产生的影响，“孟母三迁”的故事就说明这个道理。这方面的文化箴言颇多，如“性相近，习相远”；“近朱者赤，近墨者黑”；“与善人居，如入芝兰之室，久而自芳也；与恶人居，如入鲍鱼之肆，久而自臭也。”这些都是讲环境对人的影响。王夫之还提出，如果想改造人们的思想意识，使之成为善良的人，就必须改造环境；如果全国的环境都得到了改善，那么全国所有的人都会变成善良的人。这些思想与今天的德育环境思想、校园周边环境观点有

① 高谦民．明清时期小学德育原则与方法．《华东师范大学学报（教育科学版）》，1995（8）．

着密切的关系，都是很有积极意义的。以上表明小学生思想道德教育中的国学教育应关注社会环境对教育效果的影响。

（2）中国当代德育教育理论

中国当代德育教育理论对于开展当代小学生思想道德教育中的国学教育具有重要借鉴意义，其中的优良成果为当代小学生思想道德教育中国学教育原则的确立提供了坚实依据。中国当代德育教育理论主要有这样几方面。

“德育科学化”思想①（1981—1988）。这种德育思想着眼于德育过程，致力于揭示德育现象、德育活动过程的基本规律，致力于建构德育知识的逻辑体系；科学化成为几乎所有德育问题讨论的归宿。

“德育现代化”思想（1989—1998）。在这种德育思想看来，德育功能与效果应该是关注的热点话题，更多地从社会和个人发展的要求来思考德育现象或问题，重新认识德育地位、德育功能、德育价值，改革德育目标、德育内容和课程、德育方法和形式，以至整个德育体制。

“德育人性化”思想（1999—2001）。这种德育思想以主体性德育思想作为德育理论研究的出发点，是关注学生道德生命自由成长的主体道德教育，强调德育工作应该关注人的主体性发展，而不是一味的灌输。“德育生活化”思想（2001—）。德育生活化思想认为，道德教育必须表现出生活的特性。包括：道德教育是一种生活，道德教育为了生活，道德教育在生活中。

“德育民族化”思想（1980—）。改革开放以来，我国当代思想道德教育一方面面向世界，学习外国德育理论，提出了“德育科学化”、“德育现代化”、“德育人性化”和“德育生活化”的理论，另

① 孙国友，黄孙庆．改革开放之德育研究三十年：进展与趋势．《基础教育研究》，2008（11）．

一方面，也开始了德育追根溯源的研究与实践。这种德育思想认为，我国的思想道德教育应该充分汲取民族传统道德教育的优秀思想，继承本民族优秀传统美德，并实现传统美德向现代转化，创建中国特色的思想道德教育体系，进而实现中华民族的伟大复兴。

综上，小学生思想道德教育中的国学教育应致力于探寻规律，力求推进小学生思想道德教育中的国学教育科学化；小学生思想道德教育中的国学教育应主动贴近小学生的学生生活实际，使小学生思想道德教育中的国学教育缘于生活，又回归生活和指导生活。

（3）中国特色社会主义德育理论

中国特色社会主义德育理论是以马克思主义基本原理为指导的德育理论，这是我国现当代德育理论的主流，集中体现在中国共产党三代中央领导集体的重要论述及其所指引下进行的德育理论的诸多文献之中，它们成为确立小学生思想道德教育中国学教育原则的主要依据。

邓小平继承发展了毛泽东思想，创立了中国特色社会主义理论。所谓“中国特色”，就是立足本民族和国情，创造性地应用马克思主义和毛泽东思想，走适应中国的社会主义道路，这种理论成为中国特色社会主义德育理论的哲学基础。中国特色社会主义德育理论的基本含义就是：以马克思主义基本原理为指导，继承并发扬中华民族优秀传统文化及其德育思想，学习世界各国的优秀德育理论，丰富我国的社会主义思想道德教育内容，创立中国特色的思想道德教育理论。

江泽民在论及中国共产党的成功经验、使命和宗旨时指出，中国共产党“代表中国先进生产力的发展要求，代表中国先进文化的前进方向，代表中国最广大人民群众的根本利益”①。科学技术是生

① 毛泽东邓小平江泽民论科学发展．北京：中央文献出版社，2008：112.

产力，人才是生产力，先进的文化也是生产力，那么，先进的、优秀的道德文化当然也是生产力。所以，建设中国特色社会主义的思想道德文化，符合建设并代表先进生产力、先进文化的本质需求，也能够体现广大人民群众对社会道德的期待，代表人民群众在道德理想上的根本利益。中国特色社会主义的思想道德教育理论，就是要研究什么样的道德文化能够成为先进生产力，什么样的道德文化能够成为先进文化，什么样的思想道德状貌能够符合广大人民群众的根本利益。由此，符合“三个代表”重要思想的德育理论，成为小学生思想道德教育中国学教育原则的确立依据。

随着建设中国特色社会主义理论研究的深化，胡锦涛在中央十六届三中全会报告中正式提出了“以人为本，全面、协调、可持续”的科学发展观，同时，胡锦涛又提出了构建社会主义和谐社会的思想，其总目标就是努力实现民主法治、公平正义、诚信友爱、充满活力、安定有序、人与自然和谐相处。从社会的发展，以及从和谐社会的总目标的内容来考察，思想道德教育是实现科学发展，达成和谐社会总目标的必要内容和重要途径。因此，只有用科学发展观和建设社会主义和谐社会理论来指导思想道德教育，才能使道德教育具有时代政治和人类哲学的价值。

简而言之，我国是社会主义国家，始终高举马克思主义伟大旗帜，以马克思主义、毛泽东思想、邓小平理论、“三个代表”重要思想、科学发展观为指导的中国特色社会主义德育理论，是建构小学生思想道德教育中国学教育原则的科学依据。

（4）现代西方德育理论

现代西方德育理论对于推进小学生思想道德教育中国学教育的理论深化和实践发展具有一定助益，其中的合理思想为当代小学生思想道德教育中的国学教育提供了良好借鉴，是当代小学生思想道德教育中国学教育原则确立的重要依据。西方现当代教育学、心理学、学习学理论丰富多彩，进而影响到德育理论、德育心理理论异彩纷呈。值得小学生思想道德教育中的国学教育关注和借鉴的主要有这样几方面。

主体性德育的倡导和确立。提出无灌输道德教育理论，强调道德是要求个体对自己负责，因为道德是为了人而产生的，所以应该培养人们独立自主的道德思维能力和批评能力。

个体与国家相统一的德育理论。这种思想认为，既要有个体的认知，尊重主体性，又要有国家统一的灌输和引导。在德育实践上，他们采取把道德教育融合在各门学科中进行综合教育，让学生积极参与社会生活，在合作的实践活动中形成道德判断和选择能力。

社会信息论中的德育理论。以班杜拉为首的社会学习理论认为：人既不是单向地受内在力量的驱使，也不是单向地受环境条件的控制；人的内部因素、行为和外部环境三者之间是双向地相互影响，相互决定的。小学生可以从言语教导、榜样示范，以及从直接的和替代性的经验到过失行为的后果中学习到行为规范或道德评价标准。在小学生品德的成长中父母的教育起着重要的作用。强调人的道德判断和道德行为受情境的制约。重视各类强化在道德教育中的作用，外部强化在道德教育中的作用，替代强化在道德教育中的作用，自我强化在道德教育中的作用。

人本化德育理论。一是目标指向，要培育学生的“完善人性”：重视学生道德认知能力的发展，强调学生道德情感体验能力的培育，注重学生道德实践能力的发展，提出受教育者个性与创造性的发展。二是出发点，要满足学生的需要：要满足学生的自尊需要，要满足学生的自我实现需要。三是实施途径，要引导学生参与社会生活：德育实施要联系学生生活，要引导学生参与社会生活。四是实施过程，要坚持“无灌输的道德教育”：伦斯·柯尔伯格指出，“灌输既不是一种教授道德的方法，也不是一种道德的教学方法。”约翰·杜威指出，“灌输”不仅不能促进，反而限制了小学生的智慧和道德。五是师生关系，要尊重学生的主体地位：要坚持以学生为中心，强调建立民主、平等的师生关系，要创设信任、尊重的情感氛围。

综上，借鉴现代西方德育理论的积极成果，表明我国小学生思想道德教育中的国学教育应尊重小学生的思想实际，从小学生的个体认知出发，寻求良好的师生关系，通过对小学生思想道德发展规律的遵循和小学生主体性、积极性的调动，促进小学生思想道德教育中的国学教育取得实效。

2. 小学生思想道德教育中国学教育原则的构成

根据服务于小学生思想道德教育的需要，结合国学教育的特点，在小学生思想道德教育中开展国学教育应遵循的主要原则有六方面。

第一，贴近小学生心理智能发展。少年时代是人记忆的黄金时段，许多如今记忆犹新的名言警句、佳篇经典，都是在学生时代记住的。要充分利用这一记忆黄金时期，让学生背诵一些美文佳作、名篇警句，不提过高要求，学生能记多少算多少。

第二，贴近校园文化建设。校园文化在学生成长中起着重要的作用。国学教育要自觉服从校园文化建设的需要，突出符合时代要求和校园精神的国学经典，使其与校园文化建设有机地结合起来。

第三，贴近特色德育活动。实践活动是学生获取知识的重要途径。在开展国学教育工作中，要精心设计、周密策划，寓国学教育于活动之中，提高国学教育的实效性。

第四，贴近学生的自我教育。内因是基础，外因是条件。要达到教育目的，关键是加强学生的自我教育。要通过国学教育，来提高学生的自我修养，陶冶学生的性情，提升学生的人格品质，最终实现学生的自我完善、自我发展。

第五，贴近国家的文化战略。在小学生思想道德教育中开展国学教育，要从属于中国特色社会主义的建设，适应建设中国特色社会主义文化的需要，将国学中的道德文化与中国特色社会主义的道德文化有机地结合起来，奠定小学生具中国特色社会主义思想道德的基础。

第六，贴近民族根基与当代视域。国学教育的内容是国学经典，承载着民族道德文化的根基。深入开展小学生思想道德教育中的国学教育实际工作，目的在于促进小学生思想道德教育中的国学教育，把小学生培养成当代的人、世界的人，所以必须贴近民族道德根基与当代经济社会发展需要。

（二）小学生思想道德教育中国学教育原则的特点与遵循

在小学生思想道德教育中实施国学教育，其遵循的原则必然受到思想政治、道德文化、教育对象、培养目标等因素的制约，具有自身的特点，同时，必须根据小学生思想道德教育的背景，体现时代性、生活性等现实需求。

1. 小学生思想道德教育中国学教育原则的特点

第一，政治性。当教育指向思想道德这一范畴时，其背景和最高准则就脱离不了政治，国学教育及其原则也不例外。小学是人发展的奠基阶段，更多地关注品德和行为，似乎与政治相隔较远，但这种品德和行为的准则必然归属一定的政治社会关系和政治思想体系。所以，针对小学生思想道德教育而实施的国学教育原则具有政治性的特点。

第二，文化性。任何思想道德建设必然蕴涵于一种文化、体现着一种文化、传承着一种文化、发展着一种文化，并在多种文化的交流与撞击中进行着扬弃。国学教育肩负着思想道德教育的任务，那么小学生思想道德教育中的国学教育原则最突出的特点就是文化性。

第三，适龄性。国学经典浩如烟海，精深博大，语义晦涩，对于小学生既有语言的难关，更有文化价值观的陌生。不论选择什么内容实施国学教育，都必须针对小学生的年龄、心理和智力特点，解读的话语方式要浅显化，联系实际要生活化，教学方法要活动化。因此，小学生思想道德教育中的国学教育原则具有适龄性的特点。

第四，实践性。重视道德认知教育，轻视道德认同教育，忽视道德实践教育，道德认知与道德实践脱离，学校道德教育与家庭的道德教育相左，甚至相反，是当前思想道德建设面临的严峻挑战。体现着小学生思想道德教育的国学教育，要通过实践活动，促进道德行为的落实、形成与巩固。因此，小学生思想道德教育中的国学教育原则具有实践性的特点。

第五，情景性。思想道德准则的发展与形成，固然是一种个体认同、选择、改进、完善的过程，但这种过程却始终置于一定的环境之中。这些环境就小而言，有学校环境和家庭环境，就大而言，包括经济环境、社会环境和文化环境。它们有的是空间环境，有的是属性环境。要落实促进小学生思想道德健康发展的国学教育原则，就一定要开掘、协调环境的教育资源，使多种环境资源形成合力。所以，小学生思想道德教育中的国学教育原则具有情境性的特点。

2. 小学生思想道德教育中国学教育原则的遵循

任何教育原则都是一种理想性的期待，其贯彻落实都是一个逐步完善、逐步接近的过程，要解决的是现实性与期待性之间的一系列矛盾，处理好各种矛盾的关系。遵循小学生思想道德教育中的国学教育原则，至少要关注如下三种现实背景，适应当今小学生思想道德教育的时代需求和生活需求。

第一，适应小学生现代语境的需求。国学承载着华夏民族辉煌的文明，其思想道德文化体系包含了奴隶社会和封建社会，道德文化价值观深深地打上了古代历史的烙印，与现当代社会、社会主义社会以及多种社会体制并存的当今世界有着诸多的道德价值冲突。

这些冲突是贯彻国学教育原则必须要解决的矛盾。要解决这方面的矛盾问题，就应关注现代语境。因为国学教育的语言表述的是中国古代语境，其社会背景、价值观念、人生追求都是那个时代的。而小学生处于当代语境，而且是日新月异的当代语境。实施国学教育的原则，必须遵循当代语境，才能与小学生的语言、思维想匹配，才能取得适切的感应。

第二，适应小学生具体生活实际。目前在一些地区，小学生思想道德教育中国学教育的着眼点没有放在人的体验和人的发展上，而是机械地为考试而死记硬背。小学生思想道德教育中的国学教育，应该与学生今天的生活相结合，寻找其中“作为人”、“成为人”的文化心理脉络，让小学生在“作为人”、“成为人”的过程中，用自己的生活体验来接受国学教育的有关内容。

第三，适应多元价值观融汇现实。中华传统道德在民族发展和国民成长的过程中影响深远，道德文化积淀在民族成员的灵魂深处。随着国际化时代的来临与持续，多元文化和西方道德价值观影响着人们，中华传统道德价值体系受到挑战，并在挑战、融汇中演变为新的道德价值观体系。这种融合是历史发展的必然。一个民族新的道德文化是在不断融汇多元价值观的过程中完成的。所以，遵循小学生思想道德教育中国学教育原则，要处理好道德价值观建构的民族性与多元化之间的撞击和融合之间的关系，适应于多元价值观融汇的现实需求。

第三章　小学生思想道德教育中国学教育的主要内容

确定小学生思想道德教育中的国学教育内容，是实现小学生思想道德教育中国学教育目标的基础。明确并选定这些国学教育的内容，是进行小学生思想道德教育的基本载体。要从浩瀚的国学内容中寻找、确定适合小学生思想道德教育的国学教育具体内容，必须首先确认这种国学教育内容在思想道德教育中的理论属性，分清国学教育内容的主要维度，选择既蕴涵中国传统优秀道德文化的本质内容，又有利于当代小学生健康成长的话语体系。

一、小学生思想道德教育中国学教育内容的理论属性

遴选小学生思想道德教育中国学教育内容，首先要把握这些内容的理论属性。所谓理论属性，一般指某种系统知识、原理的性质特征。这里研究的是国学教育内容的理论属性，就是把小学生思想道德教育中的国学教育内容视为一种系统知识和德育原理，而且是反映我国传统优秀道德文化本质的系统知识和德育原理，在此基础上，探究这些系统知识和德育原理自身的性质特征，特别是这些系统知识和德育原理与当今小学生思想道德教育相关联后的性质特征。在此，侧重于研究国学教育内容与小学生思想道德教育发生联系后的理论属性，即研究国学教育内容与小学生思想道德发展之间在动态互动情境中的性质特征。

（一）小学生思想道德教育制导国学教育的内容

小学生思想道德教育中的国学教育内容，决定于小学生思想道德教育实际需要，受到小学生思想道德教育的制约和引导。

1. 思想道德教育规范着国学教育内容的选择

思想道德教育服从于社会需求和国家意志。建设中国特色社会主义背景下的思想道德建设，其目标是培养有民族文化根基、有世界情怀和眼光的现代人，其内容包括社会主义道德、民族优秀道德和人类普适道德。思想道德教育的这种目标与内容表明，国学教育内容所呈现的道德价值观，要与社会主义道德、人类普适道德相适应，成为社会主义道德、人类普适道德的佐证与基石，有利于社会主义道德和人类普适道德的形成、巩固与发展。由此，社会主义思想道德建设的性质制约、引导着国学教育内容的遴选与确定，小学生思想道德健康发展的国学教育内容受思想道德教育所制导，这就是小学生思想道德教育中国学教育内容的重要性质特征。

2. 国学教育内容表达着思想道德教育的需求

中国古代的国学教育，除“蒙学”明显是用于小学生，其余内容并没有明确的年龄划分。而中国古人在 7 至 12 岁这个年龄阶段，除接受“蒙学”教育之外，还阅读了大量的“圣贤书”。这些“圣贤书”中蕴涵着大量“作为人”、“成为人”特别是关于“君子”的规范和期待。特别值得注意的是，中国古代“读圣贤书”和做“谦谦君子”的社会要求是一致的，社会环境的指向是统一的，社会评价的标准是一贯的。而今天，虽然有文言文，但“圣贤”情结几乎消散；虽然有古诗词，但“上体天心、下达人情”的志趣差不多遗忘。文言文、古诗词在学校教育中基本上只剩下字词、翻译和人物品性的辨识，与“读圣贤书”、“做君子济天下”相隔较远。国学教育内容只能根据小学生思想道德发展的规律来确认，也就是说，小学生思想道德的发展，制约、指导着国学教育内容的选择，即要选择与小学生思想道德发展的年龄层次、身心特点相适应的国学教育内容。

（二）国学教育加强小学生思想道德教育的民族特色

不论什么时候，要确保民族的延续与昌盛，思想道德进化过程中的民族特色都居于奠基的地位，因为民族特色已经成为“民心”和“民魂”，不依存于“民心”和“民魂”，思想道德必然会成为“无根之木”而枯死，或者使整个民族文化变异而最终消亡。历史与现实证明，思想道德教育的民族特色是由国学教育所建构的。

1. 国学教育内容呈现思想道德教育的民族史实

思想道德指向客观现实与事实，指向人与人的关系和人的心理意义及行为。任何一个国家和民族的思想道德，一定是在民族历史事实中形成、发展和创新的；不论时间相隔多久，民族史实作为一种客观事实，都是这个民族任何时期思想道德建设必不可少的土壤。自五四运动以来，我国的思想道德建设在“反叛”、“西化”和“政治化”中徘徊挣扎，即使改革开放之后向“文化”转向，也因为西方文化的强势，而对西方文化趋之若骛，导致目前思想道德建设的“西化”色彩浓厚，政治化“劲头”不减，虽然民族特色有所抬头，但始终受到冲击和排挤。所以，国学教育内容，就是为用“我从哪里来”的民族史实，来建构思想道德教育的民族特色。

2. 国学教育内容演绎思想道德教育的民族心态

道德外显为行为态度和行为规范，内化为心理意识、心理认同和自我心理的约束。这种道德心理，有人又称之为道德心态。在所有不同范畴的心理中，民族的道德心态是潜藏得最深、也最持久的，并且经岁月积淀成为民族道德心态。多数学者都认同，中国人的民族心态包括民族道德心态是持续得最久的，即是说中国人的民族心态经历的剧变较少，民族特色保留较多。思想道德建设中的民族心态，肯定指向积极健康的民族心态，与民族自卑主义和民族自毁主义者之流所“痛斥”的民族心态泾渭分明。因此，开展小学生思想道德教育中的国学教育，就是要通过国学中呈现的、积极健康的民族心态，来建构思想道德建设的民族特色，让中国人的思想内容体系更为完善，清醒地认知“我究竟怎么样”。

3. 国学教育内容承载思想道德教育的民族传承

没有民族传承的思想道德建设是没有根基的、残缺的，更是危险的民族自我泯灭。事实上，在中国这块土地上生根、发芽、开花、结果的有识之士，从来没有放弃过思想道德教育中的民族传承，不论是李大钊、毛泽东这些政治家，还是鲁迅、巴金这些文学家，还是叶圣陶、季羡林这些教育家和学者，他们都在传承着民族道德文化，创新着民族道德文化。中国现在不仅进入了经济的国际竞争时代，也进入了思想文化的国际竞争时代，思想道德建设的国际竞争是实现中华民族伟大复兴的人文根本。选择小学生思想道德教育中的国学教育内容，实施国学教育，正是积极应对我国思想文化建设的国际竞争，也是用国学教育实现思想道德建设的民族传承，建构思想道德民族特色的具体举措，这是国家兴衰、民族存亡的战略问题。

4. 国学教育内容濡养坚实的民族情感

随着改革开放的深化，思想道德建设非常强调两点：一是成为社会主义新人，二是成为世界公民。但这两者的基础是“成为中国人”，成为“社会主义时代的、拥抱世界文明的中国人”。这里不是自恋，不是自大，而是自信，是自立，是对炎黄血脉、华夏子孙的民族情结。没有这种认知、认同自己的民族情结，不知道“我是谁”的哲学基本命题，就不可能回答“向何处”的人生命题。没有这种民族情结，小学生思想道德教育中的国学教育就不能真正解答“成为什么人”的培养目标问题。

5. 国学教育内容凸显自强不息的中华民族意志

有了民族道德和民族情结，还需要有民族意志来保障。中华民族从来就不缺乏意志。小学生思想道德教育如果缺乏对民族意志的教育与催生，就必然失去保障。毋庸置疑，国学教育内容中包含着民族意志的魂魄，闪耀着民族意志的光华。所以，通过国学教育的深广内容，重建思想道德内容中的民族意志，是国学教育内容的重要性质特征。

综上，小学生思想道德教育中的国学教育内容属于广义的国学，主要包括传统艺术、传统经典、传统蒙学等。

第一，传统艺术。主要包括绘画、书法、乐器、雕塑、编织、武术等传统技艺及其子项目。小学生开展传统艺术项目，是随着素质教育的倡导而兴起，作为素质教育的具体体现而出现的。传统技艺的教育，师资资源需求不大，课程设置灵活，活动形式方便，受到许多小学生的青睐，是目前国学教育中开展最为广泛的一种内容。特别是在传统技艺子项目的挖掘上，不少学校不仅视为办学特色的一种途径和内容，也成为进行思想道德教育、审美教育、艺术教育的重要方式。

第二，传统经典。主要指的是中华传统的优秀经典文本。在经典文本内容的选择上主要表现为如下几方面。一是传统优秀诗词。这些朗朗上口、易记易懂的传统诗词更适合小学生，有助于小学生的语言积累，成为助益于小学生语文学习的有力材料和途径。二是儒家经典。选编儒家经典的著名文段，作为国学教育的主要内容，也成为语文学习的有效补充。三是文化经典。国学教育的读经典，不能仅仅读儒家经典，还应包括法家、墨家等多家学派以及神话和少数民族的经典文本。四是经典混编。小学生的国学教育是打基础、点根基，既不能过于专门化，也不能过于深奥，要把多种文体、多种学派、不同时期的传统经典文本都选编一点供学生阅读。最后，学生的经典阅读不能仅仅局限于中国古代经典，还应该包括现代的、外国的，要选古今中外混合的经典。

第三，传统蒙学。主要指《弟子规》、《三字经》、《千字文》、《百家姓》等我国古代著名的蒙学读本。小学生读传统经典，主要目的是了解中国古代的基本文化，蒙学读物中已经包括了中国文化的常识和道德基本规范，而且文字浅显，易于记诵，可直接使用或选编作为小学生思想道德教育中国学教育的基础内容。

二、小学生思想道德教育中国学教育内容的维度分析

明确了国学教育内容的理论属性，把握了国学教育内容对建构思想道德教育的民族特色、内容体系和内容范畴的价值意义，还需要进一步厘清国学教育内容的维度。确立国学教育的内容维度，在本书的研究视域中首先要服从于思想道德教育，要依从于马克思主义的基本原理。据此，笔者从马克思主义关于阶级、民族、国家和人的全面发展基本原理入手，把小学生思想道德教育中国学教育内容的维度初步确定为如下三个视角。

（一）蒙以养正与小学生的社会化

政治学鼻祖亚里士多德指出，人天生就是一个政治动物。马克思主义认为："人用来中介人和自然之间的物质变换的一般人类生产活动，它不仅已经摆脱一切社会形式和性质规定，而且甚至在它的单纯的自然存在上，不以社会为转移，超乎一切社会之上，并且作为生命的表现和证实，是还没有社会化的人和已经有某种社会规定的人所共同具有的。"① 因此，人必然要实现由"还没有社会化"向"已经有某种社会规定"转变，在人逐步实现此种转变的过程中，人

① 《马克思恩格斯选集》第2卷. 北京：人民出版社，1995：578.

的社会化即得以实现。人的成长是一个实现社会化的历程。社会化的过程不仅是知识和生理的增长，更是道德体验力、认识力和行为力的提高，这个过程都是从小学开始筑基。如前一章所述，“蒙以养正”是小学生思想道德教育的基础性目标，也就成为小学生开始社会化的起点。

1. 蒙以养正是小学生社会化的需求

小学生的教育是启蒙教育，这是中国古代早就意识到并高度重视的教育问题，也就有了“少壮不努力，老大徒伤悲”的名言。在中国古代，把小学生称为“蒙童”，把小学生学习的内容称之为“蒙学”，把对小学生进行启蒙教育的学校称为“蒙学”，并专门编写印制了一千三百多部“蒙学”读物，成为广大小学生学习的专门必修教材之一。在两千多年的传统蒙学教育中，形成了“蒙以养正”的教育理念甚至是教育目标，并通过“蒙以养正”，使懵懂无知的小学生，养成个人和社会所需要的“正”。有学者认为，“蒙以养正”体现了“教育的本质：价值性或精神性的追求”，是“教育的社会价值和个体性价值的高度统一”①，因此，“蒙以养正”就成为小学生从“自然人”成长为“社会人”，即小学生实现社会化的基本需求。

人的社会化，是按照有益于人个体发展和社会发展的要求来社会化的。根据“蒙以养正”的历史源流，结合当今时代的发展趋势，“蒙以养正”可以理解为：它是为了培养小学生正确、规范的道德认知和道德行为，养成小学生的真性情和正气、正义，培育小学生健康性情，激发小学生正确、远大的人生志向。这是“蒙以养正”的目的。这种目的，是当今社会对小学生社会化的需求。所以，通过“蒙以养正”促进小学生的社会化进程，规范小学生的社会化发展内

① 王润承．教育的正位：蒙以养正——试论《易经·蒙》的教育思想．《科技信息》，2007 (29).

容，无疑是小学生思想道德建设中国学教育的内容维度之一，而且是最基础的内容维度。

2. 蒙以养正是小学生社会化的准则

“蒙以养正”的“正”内涵丰富，既包括了优秀的传统道德文化，也包括了中国特色社会主义的道德文化，还包括了用世界眼光察纳的世界优秀文化。最终形成小学生较为系统的思想道德价值观体系。这个体系，不仅是小学生的思想道德标准，也是实现小学生社会化的思想道德准则。

“蒙以养正”源自《易经·蒙卦》：“蒙以养正，圣功也。”① 随着历史的发展，“蒙以养正”已经成为办好教育途径、基于标准和教育理念的教育思想。在《易经》中，“蒙以养正”的“正”有正位、止于险，行中道、止于至善的含义，是理想人格修养的最高境界；“蒙以养正”指通过教化，培养正道、培养纯正的德行。有学者研究《周易》的蒙学教育思想，认为：“蒙以养正”的具体含义包括“正习性”、“正心性”、“正学业”、“正学法”、“正学德”和“正心术”；其中的“正学业”是“要引导学生坚定学习信念，抗拒不良诱惑，专注于真知的追求，千万不能陷于不良诱惑中而不能自拔”；“正学德”是“强调要培养学生谦虚的美德”②。这些方面都指向了小学生的行为习惯、心性行为、内在品质等思想道德领域的具体准则。所以，在小学生成长和社会化进程中，“蒙以养正”成为最基础的道德准绳。

3. 蒙以养正是小学生社会化的途径

每个人都是通过教育实现社会化的。这种教育不仅包括学校教

---

①　黄寿祺．周易．上海：上海古籍出版社，2007：34.

②　王润承．教育的正位：蒙以养正—试论《易经·蒙》的教育思想．《科技信息》，2007（29）．

育、家庭教育和社会教育，也包括智能教育和思想道德教育。而“蒙以养正”主要属于思想道德教育。但这种思想道德教育凝聚着家庭教育、社会教育和学校教育的综合效益。所以，“蒙以养正”是小学生社会化的重要途径。

传统蒙学的养正教育对现代教育有四点借鉴作用：一是“知识教学与品德培养密切结合”，不论是侧重字词教学、知识教学，还是写作训练，都结合了品的培养；二是“重视对学生的养成教育”，把大道理、大学问，结合到小学生的行为举止、生活习惯、气质修养等方面的点点滴滴之中；三是“根据学生年龄特点选择教学内容和教学方式”；四是“注重哲理性、文学性、知识性有机结合”①，例如《三字经》就包括了学习阶段、生产生活、经典介绍和历史阐释等丰富的内容。由此表明，“蒙以养正”的养正教育作为传统文化的精义，在赋予了时代的新的内涵之后，仍然能够成为小学生社会化的重要途径。正如“宇宙全息统一论”所主张的那样，每一个子系统都蕴涵着宇宙系统的全部信息和全部功能，“蒙以养正”虽然只是教育的一个子系统，但这个子系统蕴涵着教育的全部信息和功能，也就发挥着教育促进小学生社会化进程的全部功能。

（二）德性培育与小学生的和谐发展

坚定的马克思主义战士、伟大的教育实践家和教育理论家苏霍姆林斯基认为德性培育是小学生实现和谐全面发展的核心，“和谐全面发展的核心是高尚的道德”②，据此，加强小学生的德育培育，将较好地促进小学生的和谐发展。教育是守护人类、塑造人类并完善

① 张国儒．略论中国传统蒙学养正教育的现代借鉴意义．《云南财贸学院学报》，2008（4）．

② 〔苏〕B. A. 苏霍姆林斯基．帕夫雷什中学．北京：教育科学出版社，1983：9.

人类的特殊实践活动，教育包括思想道德教育，是“要如何守护好人类的德性文明，使我们的社会不至于在走向现代化的过程中也完全步入功利化的深渊，不至使我们的精神走向迷失”[1]。由此说明，德性培育或者说德性教育是为“人”的全面、和谐发展的，国学教育内容中独具特色的“德性培育”成为小学生思想道德教育中国学教育内容的重要维度。

1. 德性培育促进小学生生命发展的和谐

所谓德性培育，既指向道德、品德、德行，也指向性情、性格、人格。在中国古代，往往把“德性”与“德”当做同义语，对“德性”的理解常常包含在对“德”的理解之中。中国古代，德性培育：一是道家的“人含其德”，把“德”视为一种内在的、观念的理想境界，主张“德”的修炼和养成；另一种是“外立其德”，将“德”看成外在的、实践的行为准则，主要强调“德”的实践。实际上，这两种观点逐步走向了“知行合一”。因而德性培育成为小学生全面和谐发展的必要与必备内容。

蒙学经典《弟子规》认为，学生要“有余力，再学文”。意思是说，在德性发展有余力的基础上，再学习文化知识。由此可见，德性培育是教育小学生的首要任务。德性培育是小学生从“作为人”到“成为人”，再到“成全人”的基础，德性成为学生生命和谐发展必不可少的元素。因此，德性培育不仅是国学教育内容的重要维度，也是思想道德建设的重要维度，还是小学生全面发展的重要维度。

2. 德性养成激励小学生人格健全的自觉

“德性应该是指个体在把握自我或处理人际利益关系过程中稳定体现出来的以理性为基础、以积极道德心理为动力、以自觉趋向益

---

① 胡绪阳．德性人生：教育的生命视点．《湖南师范大学（教育科学学报）》，2006（3）．

己利他行为为存在目的的道德品性。”① 这个观点中有几个关键词：把握自我、积极心理、自觉趋向、益己利他。从“把握自我”中可以得知，“德性”是在自我调控中产生、变化并形成的，也就是通过养成而得来的；“积极心理”表明，“德性”是一种积极的精神与心理状态，是在积极的状态中进行、发展和成熟的，那么德性养成的过程有利于小学生处于一种积极的状态，并用这种积极的心态激励自己不断地完善自己的德性；所谓“自觉趋向”，表明德性的形成与发展、人格趋向“真善美”的过程都是一种“自觉”；“益己利他”不仅指向了“德性”，也指向了人格，即德性养成要促进学生人格发展的自觉，是围绕“益己利他”的价值标准进行的。

所以，开展国学教育，是为了我国小学生全面发展，人格健全。德性培育是人格发展的重要内容，是小学生人格健全的基础。忽视德性培育，不仅使思想道德教育成为空话，连基本的心理健康和人格健全也会成为“画饼”，徒增思想道德教育“假大空”的笑柄。把具有民族特色的“德性培育”纳入健全小学生人格的范畴，是加强小学生民族文化教育的起点，也是小学生和谐发展的基本范畴。从健全小学生人格的角度，德性培育必然成为国学教育内容的民族文化维度。

3. 德性培育奠定小学生素质教育的基石

把具有中国传统文化特色的德性培育纳入素质教育。素质教育的使命在于，既要培育学生的基础素质，又要给学生提供个性素质生长的选择性空间。实施有中华传统特色的“德性培育”，既属于“成为什么人”的基础性素质的教育，也属于“成为什么特质的人”这一选择性素质的教育。

概而言之，素质教育的内容包括了民族文化素质和民族道德素

① 匡促联．论德性．《中南大学学报（社会科学版）》，2005（5）．

质的教育。德性培育具有鲜明的民族文化和民族的道德文化特点，拥有优秀传统文化和道德文化的丰富内涵，必然成为当今中国的素质教育的重要基石，有利于小学生多种素质的和谐发展。

（三）爱国主义教育与小学生的国家意识

国家“它一直是一种维护秩序、即维护现存社会秩序从而也就是维护占有者阶级对生产者阶级的压迫和剥削的权力”[①]。马克思主义始终强调阶级消失之前主权国家所具有的阶级性和意识形态性，自人类进入阶级社会以来，为了维护自身统治，在生产资料上占统治地位的阶级必然要持续推进其民族意识和爱国主义教育，以此强化社会成员的国家意识。爱国主义教育，是小学生思想道德教育中国学教育内容的重要维度，也是小学生思想道德教育的基本维度。小学生的爱国主义教育，依赖于对民族语言、话语体系、民族情感的感受与体会，着眼于具体、实在的形象和“近在眼前”的国家意识。

1. 用君子人格培育大丈夫精神

在中国的民族精神文化和民族道德文化中，具有标志性人格的是“君子”精神。“君子”精神的核心是“天行健，君子以自强不息”、“地势坤，君子以厚德载物”。“自强不息”与“厚德载物”的水乳交融，就是“君子”精神这一中国人的标志性人格。在小学生国学教育中，要逐步实现爱国主义教育的目标，就必须以“君子”人格为标志，给小学生烙下“我是有‘君子’精神的中国人”的精神烙印，即中国历史上有名的“大丈夫精神”。

2. 以传统价值强化民族身份认同

身份认同就是认识“我是中国人”和“我怎么做中国人”。在这

---

① 《马克思恩格斯选集》第3卷．北京：人民出版社，1995：118.

一点上，最具有民族性特点的就是“孝道”的德行。在小学生国学教育中，要正确认知“孝道”的内涵，结合现代话语体系，把“感恩”、“体察”、“尊敬”等新的话语体系结合到“赡养”、“劝谏”等“孝道”的传统话语体系中去，构建具有中国当代特色的“孝道”文化，并在践行这种具有民族性、现代性特色的“孝道”文化的过程中，养成“我要做这样的中国人”的爱国主义体验。

3. 用仁爱情怀培育爱国主义

爱国主义，是一个中国公民怎么对待他人和世界公民的问题。中国道德文化从来不认同“恶”，从来对“恶”就要“秋风扫落叶”。中国人提出了具有悠久历史的“仁爱”道德准则。“仁”的基本特征是“善”，“仁爱”就是要用“善”去爱，要爱“善”。有“善”才有“美”，用“善”爱“善”，才是“至美”。“仁爱”就是中国人的情怀。小学生国学教育，就是要认知、践行这种中国人的情怀，最终在小学生的精神和灵魂世界中浸润、滋生出爱国主义。

三、小学生思想道德教育中国学教育的内容构成

基于对小学生国学教育内容的维度分析，结合小学生的身心发展特点，应用马克思主义的基本原理，采用汲取精华、舍去糟粕的立场和观点，并努力赋予有关国学教育内容的时代意义，笔者认为小学生思想道德教育中的国学教育内容主要有如下三个层面。

（一）孝、诚、信——人之为人的基准

思想道德建设的宗旨在于，让“动物人”或“自然人”成为“社会人”。这种“成为人”的教育，肇始于小学生，并从小学教育开始成为系统的要求。在国学教育浩瀚的内容中，这种“成为人”的基本准则主要体现为“孝”、“诚”和“信”，这三者是社会对小学生的期待，是家长对儿女的要求。所以，“孝”、“诚”、“信”是小学

生思想道德教育中国学教育的首要内容。

1．“孝敬”是对待长辈的标准

“人之行，莫大于孝”。孔子认为，“天地之性，人为贵。人之行，莫大于孝”（《孝经·圣治章》），“故不爱其亲而爱他人者，谓之悖德，不敬其亲而敬他人者，谓之悖礼”（《孝经·圣治章》），他把衡量一个人是真孝还是假孝的参照系规定在对父母是否有爱、敬之心上面，是追到了道德情感的本源。诚然，在家不行孝，在外的一切良好表现就都是虚伪的、动机不纯的，故而叫做“悖德”、“悖礼”。

孝使人有别于“犬马”。孔子认为，“今之孝者，是谓能养，至于犬马皆能有养，不敬何以别乎”（《论语·为政》）。孟子也说过：“孝子之至，莫大乎尊亲。尊亲之至，莫大乎以天下养。”（《孟子·万章上》）可见，尊亲、敬亲、养亲是具有普遍意义的，我们应当批判地加以继承。

“孝”是“治世”良方。孔子说：“夫孝，天之经也，地之利也，民之行也。……是以其教不肃而成，其政不严而治。”（《孝经·三才章》）正因为孝道是源于天地自然之理，所以百姓才能大兴其道，这样，即使法规和政令不那么严肃，良好的风气和秩序也可以自然形成。

“孝”是立身处世之本。“夫孝，德之本也，教之所由生也。身体发肤，受之父母，不敢毁伤，孝之始也。立身行道，扬名于后世，以显父母，孝之终也。夫孝始于事亲，中于事君，终于立身”（《孝经·开宗明义章》），意即：道德人格中最基本的东西是孝道，我们的道德教化也必须从这里开始。人的孝心首先来自对父母的感恩戴德，人的生命（即“身体发肤”）是由父母给予的，所以谁也不能对父母有半点的不敬或伤害，这就是孝心的本源。一个人立身于世，从回报家恩开始（事亲），中间必经报效国家和社会的过程（事君），最后才能建立起自己的道德人格（立身）。

“孝”的思想对于小学生树立尊重长辈、爱戴父母、知恩感恩品质的塑造具有重要意义，小学生思想道德教育中加强孝的教育，有助于培养小学生的良好道德品质。

2. “诚实”是与人交往的准则

中国传统道德文化中的“诚信”之道由来已久，仅就“诚”而言，就有如下思想观点和道德规范。

“诚”是“人之道”。周敦颐说“诚，五常之本；百行之源也”（《通书·诚下》），认为“诚”是人所有行为的本源。孟子的观点则更为深刻，主要包括两层意思：一是“是故诚者，天之道也”（《孟子·离娄上》。本段关于孟子的引文出处同）中的“诚”，指自然法则；二是指诚心、至诚之心。他说：“诚身有道：不明乎善，不诚其身矣……思诚者，人之道也。至诚而不动者，未之有也；不诚，未有能动者也。”（《孟子·离娄上》）程颐认为：“修学不以诚则学杂，为事不以诚则事败，自谋不以诚则是败自信而自欺其忠，与人不诚则是丧其德而增人之怨。”（《河南程氏遗书》卷二十五）这进一步阐释了“诚”在人的多种行为中的地位与价值。

“诚”是明理教化。在《礼记·中庸》中，指出了“诚”与明白事理的关系以及教化的作用。其语句是这样阐述：“自诚明，谓之性。自明诚，谓之教。诚则明矣，明矣诚矣。”（《礼记·中庸》）这里的“诚”，就是指诚心、至诚之心。《礼记·中庸》关于“诚”的另一个意思很有历史价值，即“诚者，天之道也”。现代把这里的“诚”解释为自然法则、规律。其实，这个地方的“诚”与后来的“天地不欺”的思想有密切的关联，即天心不欺人，仁心也不可欺天，再演变为“人在做，天在看”的俗语，也就是在告诫人们要诚实不欺，更不可为恶。

“诚”是指小学生不违心、不撒谎，做到示诚于己，坦荡无愧。

小学生思想道德教育中加强“诚”的教育，对于小学生加强自我修养，做到忠实于己，养成良好的思想道德品质具有重要作用。

3.“信用”是受人信赖的条件

“信”是仁、义、礼、智、信的“五常”之一，其基本含义是：在人际交往中恪守自己的诺言，言行一致。用今天的话来说就是讲“信用”。“信”的思想有如下意思。

“信”是交朋结友的准则。在我国的传统道德中，“诚”着眼于内心，“信”则见之于“外形”，即人的外部行为，并更多地把“信”锁定在“与朋友交，言而有信”（《论语·学而》），孔子怀抱“老者安之，朋友信之，少者怀之”（《论语·公冶长》）的理想，曾子常常反省：“吾日三省吾身：为人谋而不忠乎？与朋友交而不信乎？传不习乎？”（《论语·学尔》）儒家先哲反复告诫：“主忠信，毋友不知己者，过则勿惮改。”（《论语·子罕》）可见，朋友之间应当守信用，应当以守信为择友、交友的准则。这就是传统道德中人与人之间相处的基本行为准则。

“信”是育人的教学内容。孔子提出“文、行、信、忠”四大教学内容，“信”是其中的一大支柱，就像今天的“学会学习、学会做人、学会做事”一样重要。如何做到“信”？孔子也提出了两种途径：一是“敬事而信”，二是“谨而信”（《论语·学尔》），认为人应当认真而诚实无欺地办事，应当谨慎而诚实地办事。可见，孔子等儒家非常重视“信”，强调“人无信不立”，并以“信”育人，足见儒家对“信”的重视。这对今天的教育，仍然具有“作为人”与“成为人”的意义。

“信”能增进美德、建功立业。就个体的道德修养而言，儒家认为讲求诚信也是增进人的美德、建功立业的重要途径，即所谓诚信为“进德修业之本”。在儒家看来，诚实守信是君子所必须具备的道德品质之一，孔子认为：“君子义以为质，礼以行之，孙以出之，信以成之。君子哉!”(《论语·卫灵公十五》)同时，诚信又是事业成功的重要保证。孔子强调“君子进德修业。忠信，所以进德也。修辞立其诚，所以居业也。是故居上位而不骄，在下位而不忧。故乾乾因其时而惕，虽危无咎矣”(《周易·乾卦·文言》)，认为只要做到了“信”，即使面对危难和困境，也不会有大的过错，心中无愧。

“信”是对小学生言行一致的要求。小学生思想道德教育中加强“信”的教育，有助于小学生的知行统一和人格完善，对于形成小学生的良好思想道德品质具有重要意义。

(二)礼、廉、耻——完善德性的关键

中国传统文化有着丰富、深刻的“礼”文化和“廉”、“耻”文化。对于人的成长与发展，道德的构建与完善，“礼”、“廉”和“耻”是人德性完善的关键。

1.“礼”是生命的自觉实践

“礼”是真性情的流露。首先，“礼”以“仁”为基础，是对人的本质的自觉。孔子认为，“仁”首先表现为一种对人的“同情”、“恻隐之心”，而且“仁”就是“爱人”，“能近取譬”，推己及人，把人同作为人来看待，这是对人的本质的自觉。其次，对人的本质的自觉，必然要表现在人对自身行为的自觉选择上面。在孔子看来，选择不合理的行为，就是无礼的行为，也可说是无德的行为，这样的行为君子应该能够自觉不去做。最后，行为选择的自觉还必须是真性情的流露。孔子平生最讨厌善于伪装、华而不实的人，他断言:“巧言令色鲜矣仁。”真性情，是德性完善的基础。

“礼”规定着人的质朴情感。孔子认为，礼乐就是对人的质朴情感的度的规定，“恭而无礼则劳，慎而无礼则葸，勇而无礼则乱，直而无礼则绞”(《论语·泰伯》)。恭敬、谨慎、勇敢、正直都是好的德性，但若缺乏度的规定，这些德性反而会产生烦扰、畏怯、作乱

和急切的结果。所以，有子曰："小大由之。有所不行，知和而和，不以礼节之，亦不可行也。"（《论语·学而》）可见，行为、人格、社会的完美和谐，与度是不可区分的。"礼"就是这种对自然真性情的度的规定。有了这种度的合理规定，德性完善才成为可能。

"礼"展现人的价值和尊严。荀子在其《礼论》中明确指出："礼者，人道之极也。"人道，就是人之所以为人的道理。所以，儒家特别强调人禽之辨，假如为人而不行人道，就是禽兽，甚至连禽兽都不如。孔子也认为，人必须"立于礼"，"不知礼，无以立也"（《论语·尧曰》），"不学礼，无以立"（《论语·季氏》）。这里所说的"人道"，正是赋予人及其行为以价值和尊严的东西。有了这种"人道"的价值与尊严，人的德性才真正地完善了。

概言之，对于社会而言，"礼"代表着一种秩序规范；对于个人来说，"礼"又是一种行为原则。无论是社会秩序，还是人的行为原则，"礼"都不是抽象物。因而，小学生思想道德教育中加强"礼"的教育，能使小学生逐渐明晰社会生活的基本伦理纲常，形成良好的行为规范，进行人之为人的基本修养。

2. "廉"是人性的道德底线

在先秦儒学和道家的道德思想体系中，廉耻与道德问题联系密切，它是人性建设的要义所在，是人性的根本，是人性之所以区别兽性之所在，是人之为人的道德底线。

"廉"是人性的内在底蕴。孟子认为，人之所以为人，在于他有自尊自爱，能够在廉耻荣辱观上确立自己的行为准则。孟子说："恻隐之心，仁之端也；羞恶之心，义之端也；辞让之心，礼之端也；是非之心，智之端也。人之有是四端者，犹其有四肢也。"（《孟子·公孙丑上》）他强调人的恻隐之心与羞恶之心是人性最根本的两项内容，辞让与是非等行为规范都建立在这两项道德与人性的基础之上，因为前者是出自内心的道德信仰。孟子认为，这些基本的道德是人性自尊的表现，也是人们自我调节行为的依据。

“廉”是君子的理想人格。比较而言，荣辱是非观念是外显的表现形态，廉耻观念是更为根本的东西。在中国的传统道德文化中，作为一个有修养的君子人格，应当树立荣辱是非观念和廉耻观念。孔孟强调，君子与普通百姓相比，更需要知荣辱，明廉耻，要自尊自爱，这才能够成为“士”和君子，从而达到君子理想人格的境界。

“廉”是治国安邦的根本。中国古代是一个讲究礼义文明的社会，以德治国是儒家思想长期影响中国传统社会的观念。与西方相比，廉耻与荣辱观被赋予更为重要的地位与意义，是立国建邦、实现和谐的根本所在。“国有四维，一维绝则倾，二维绝则危，三维绝则覆，四维绝则灭。倾可正也，危可安也，覆可起也，灭不可复错也。何谓四维？一曰礼，二曰义，三曰廉，四曰耻。”（《管子·牧民》）这段话可谓说尽了人们重视道德荣辱观建设的重要性。古人认为礼义廉耻是国家所以为国家的四个基柱，如果四个基柱倒了则国家必然覆亡，其中廉耻乃是四维中的根本。

小学生思想道德教育中加强“廉”的教育，目的在于确立小学生根深蒂固的廉洁意识，使小学生从小树立廉洁自律、公私分明的观念，为他们成长为合格的社会成员奠定良好的思想基础和道德根基。

3.“耻”是人的自我反省

常言道：人要有羞耻之心。这就是古语所说的“有耻”，也就是“知耻”，要求人们把“知耻”作为基本的道德标准，做到“不从枉”、“羞为非”。

羞恶之心。孟子曾说：“羞恶之心，义之端也。”（《孟子·告子上》）孟子大声疾呼：“无羞恶之心，非人矣。”（《孟子·公孙丑上》）由此可见，中国古代的先哲们认为，是否知耻，有无羞恶之心，是“人禽之别”的一个重要区别和标志。古代先哲提出了哪些“耻”的标准？《论语·宪问》提出："君子耻其言而过其行。"《国语·晋语四》认为："为礼而不终，耻也。中不胜貌，耻也。华而不实，耻也。不度而施，耻也。施而不济，耻也。"康有为在《长兴学记》中说得更具体："一耻无志：志于富贵，不志于仁义，可耻也。二耻循俗：循于风气，不能卓立，可耻也。三耻鄙吝：……凡鄙吝者，天性必薄，为富不仁，可耻也，易拔其根。四耻懦弱：曾子以懦弱为庸人，见义不为，可耻也。"《论语·子路》似乎说得更概括："行已有耻"，即一个人说话做事都应该有知耻之心。

有耻不为。"有耻"或"无耻"，决定着人们的行动是"为"还是"不为"。石成金说："如知耻，则洁已励行，思学正人，所为皆光明正大。凡污贱淫恶，不肖下流之事，决不肯为。如不知耻，则事事相反。"（《传家尘》二集卷二·人事通）"人之有所不为，皆赖有耻心。如无耻，则无事不可为矣……若淫者，人欲所固有，有耻心，则可终身守节矣；利者，人欲所同然，有耻心，则可使路不拾遗矣；贪生者，人情之自然，有耻心，则可忠烈死节矣。"（《孟子微》卷六）可见，人有知耻心，就能坚决不做不该做的事情，就能近善远恶，不淫、不贪利、不贪生。所以朱熹概括为"人有耻，则能有所不为"（《朱子语类》卷十三）。

"耻"的观念使人与动物区别开来，从而确立并遵循道德规范和伦理纲常。小学生思想道德教育中加强"耻"的教育，能帮助小学生更好地确立起作为人类社会成员的"类"意识，更好地明晰人类社会基本礼仪和规范。

（三）义、勇、忠——担当使命的核心

思想道德建设，是为了提高人的社会化程度。在中国传统道德文化之中，"义"、"勇"、"忠"就是对社会化程度较高的人提出的道德规范。

1.“义”是关于如何取舍的道德规范

随着人的社会化进程的深入，“取舍”成为考量道德的重要领域。儒家只求“入世”、“济世”，必然经常面对“取什么舍什么”的问题，故而产生了针对“取舍”的“义”的道德规范。

“义”与“利”的取舍。孔子讲“君子喻于义，小人喻于利”（《论语·里仁》）；孟子讲“何必曰利”（《孟子·梁惠王上》），董仲舒主张重义轻利，“正其谊不谋其利，明其道不计其功”（《汉书·董仲舒传》）。孔子儒家的重义轻利，并不是不要钱，应该拿的钱不拿是不义；不应该拿拿了也是不义。无功受禄是不义，有功不受禄也是不义，因为该拿不拿不利于激发其他人的“正义”行为。

“生”与“义”的取舍。孟子有一段名言：“鱼，我所欲也；熊掌，亦我所欲也。二者不可得兼，舍鱼而取熊掌也。生，我所欲也；义，亦我所欲也。二者不可得兼，舍生取义者也。”（《孟子·告子上》）古人对“义”的道德要求可见一斑了。传统“义”的积极内涵对诚信与责任比较重视，强调人们的一言一行有责任感，要求一诺千金，不见利忘义，行为光明磊落，不挟私危害他人、社会等。这里的“义”不仅仅是一种取舍，更是一种对责任和使命的担当。当生命与尊严、道义乃至于正义、信仰相比时，就要“舍生取义”。

“正”与“邪”的取舍。《论语·为政》认为“见义不为，无勇也”，这句话后来演变为“见义勇为”。这里的“义”，是针对“正”“邪”而言，指正气、正义，包括“仁者爱人”的“仁道”和“人道”，也包括“忠”的爱国主义的内涵。

小学生思想道德教育中加强“义”的教育，能使小学生更好地树立起处理自我与他人义利关系的准则和尺度，确立起以“义”导“利”的意识，从小培养集体主义精神。

2.“勇”是一种仁义为先的道德意志

“勇”作为一种德性，实际上是一种“为善力量”。就其性质而言，“勇”属于道德意志范畴。

“勇”的表现形态有三种。一是“勇者不惧”。孔子说：“勇者不惧”（《论语·子罕》），所谓“不惧”，指的是遭遇危险、困难等情境时保持镇静、不慌不乱，“泰山崩于前而色不变”。“不惧”是“勇德”的标志。二是果断为勇。《韩非子·解老》认为“不疑之谓勇”，《礼记·乐记》提出“临事而屡断，勇也”。以上表明，果断是勇敢的应有之义，唯有果断方能成就勇德。三是坚毅为勇。“勇”是一个人面对艰难之境而能不屈不挠的行动和意志力，是为实现目标，持续地忍受疼痛与苦难的精神力量。

“勇者不惧”不是“无所畏惧”，亦非“胆大妄为”。“果断”绝非“武断”，不是草率行事。“折而不挠”也不是僵化死板，不知变通。“勇”的内核有三。一是“义”，《荀子·荣辱》：“义之所在，不倾于权，不顾其利，举国而与之不为改视，重死持义而不桡，是士君子之勇也。”《左传·文公二年》：“死而不义，非勇也。”《吕氏春秋·当务》：“所贵勇者，为其行义也。”二是“节”，在贫富贵贱、饥寒愁苦、穷达生死、声色货利、荣辱功名、权威爵禄以及国家兴亡等方面，无论贫富贵贱、穷达生死，都矢志不渝、坚贞不屈、持节不乱。三是“四维之勇”：即大义之勇、智慧之勇、自信之勇、宽容之勇。

“勇”的实践培养。一是“知耻而勇”。孔子认为“知耻近乎勇”（《礼记·中庸》），表明勇者有了羞耻心，才可能具备真正的勇敢精神。他说：“好勇不好学，其蔽也乱。”（《论语·阳货》）表明好勇者必须好学，才不会出乱子。二要结合“知”、“仁”。孔子强调把勇敢精神的培养同知、仁结合起来，君子要为“成仁”而“取义”，如“志士仁人，无求生以害仁，有杀身以成仁”（《论语·卫灵公》），为“成仁”而“舍生”。三是改过为勇。《李觏集》提出：“知而不能改，是不勇也。”（《李觏·易论第九》）

小学生思想道德教育中加强“勇”的教育，有助于小学生养成自立自强、不畏艰难、克服困难的信心和信念，不断提升自我生活能力和独立能力。

3. “忠”是利国利民的道德操守

“忠”是心诚无私敢说真话。《国语·周语上》说：“忠所以分也……忠分则均……分均无怨……若民不怨而财不溃……中能应外，忠也。”可知，早在西周时代，“忠”已被当做一种较普遍的社会伦理范畴，并与“信”、“仁”、“义”等诸美好德行相提并论。在周内史兴看来，“忠”是一种分配过程中的无私精神，有着“忠”之品德的人，可以做到“分均”，从而使众人“无怨”，“忠”实际上是指人们从“信诚”的精神活动开始到“无私”的物质行动为终的完整过程。“何如而可谓忠臣……恒称其君之恶者，可谓忠臣矣”（《鲁穆公问子思》），这表明“忠”的本义在于说真话。说真话，对君有好处，对自己没有好处。所以，经常说真话的人，就是最忠于国君的人。

“忠”是教人向善尽心竭力。《孟子·滕文公》认为：“分人以财谓之惠，教人以善谓之忠，为天下得人者谓之仁。”此处的“忠”就是教人学会“仁善”。“忠”还是个人品德。“公家之利，知无不为，忠也”（《左传·僖公九年》），这是一种一心为公恪尽职守的品德。不去做好自己分内之事，是不“忠”的表现。曾子说：“吾日三省吾身：为人谋而不忠乎？与朋友交而不信乎？传不习乎？”（《论语·学而》）即把“忠”当做反省自身、检讨自己过去的所思所行的一种价值标尺，通过这种自我反省，使个人能在替别人办事的过程中达到尽心竭力。

“忠”是利国利民。先秦的“忠”不是单方面的愚忠，而是相互之间的责任和义务。《论语·八佾》解为：“君使臣以礼，臣事君以忠。”《孟子·离娄》更形象地串解了“君臣之义”：“要为君，尽君道；要为臣，尽臣道。……君之视臣如手足，则臣视君如腹心；君之视臣如犬马，则臣视君如国人；君之视臣如土芥，则臣视君如寇仇。”先秦诸子所说的“忠君”，其实是建立在具体的君臣双方的权利与义务的关系上的。“忠”是某种“利民”的思虑和行为。季梁云：“所谓道，忠于民而信于神也。上思利民，忠也。”（《左传·桓公六年》）季梁认为，所谓“治国之道”，即是忠于人民而又虔信神灵，把有利于民视为“忠”。这种说法，实质上是把“忠”当做一种普遍性的道德要求，不仅一般的民众需要有“忠”的品德，也不仅国家官吏应该具备“忠”的观念和行为，就是“国君”亦应该遵循“忠”的行为准则，对所属民众负起责任来，尽心竭力为百姓造福，否则便是无“道”的表现。

“忠”是保卫“社稷”。先秦时的“社稷”，近乎于“国家”的概念。《左传·襄公十五年》云：“子囊忠，君毙不忘增其名，将死不忘卫社稷，可不谓忠乎？忠，民之望也。”当一个人面临着死亡的威胁时，仍然念念不忘国家的安危，那就具备了“忠”的品行。《孟子·告子上》认为：“民为贵，社稷次之，君为轻。”由此表明，社稷重于君主，保卫社稷高出忠于君主，这种观念产生了极大的社会作用，形成了人们对社稷的责任感和使命感，开始将个人的私欲压缩在社稷的整体利益之中，把“忠”与爱国、卫国联系起来。

小学生思想道德教育中加强“忠”的教育，有助于引导小学生学会感恩，养成一颗孝敬父母、回报社会、热爱祖国的忠心，形成良好的民族气节和爱国主义精神品质。

综上所言，在小学生思想道德教育中实施国学教育，把国学内容渗透融合于小学生思想道德教育中，继承博大精深的国学内容中的优秀成果和积极元素，以利于小学生思想道德建设，促进小学生思想道德发展，是当前小学生思想道德教育的重要内容，是推进小学生思想道德建设的重要方式。“孝、诚、信”等国学教育内容，是小学生成长为一个合格社会成员的基本准则，是小学生的应然道德修养；“礼、廉、耻”等国学教育内容，为小学生提升思想道德水平、提高思想道德境界的关键所在；“义、勇、忠”等国学教育内容，为小学生肩负历史使命、推进民族复兴奠定道德根基。这三个角度的国学教育内容，前两者偏重于道德教育，后两者开始增加思想教育的成分，并逐步过渡到中学的国学教育中的唯物论辩证法教育，以适应小学生思想和身心日趋成熟的发展过程。

第四章　小学生思想道德教育中国学教育的途径与方法

教育途径是为了实现教育目的和培养目标，完成规定的教育内容所采用的具体渠道，是在教育实践中形成的较为稳定的教育组织形式。教育方法是在一定的教育思想指导下形成的实现其教育思想的策略，包括教师直接指向教育内容的教学方法、学生学习方法及学前教育和家庭教育的方法。教育方法是教育规律和原则的反映与体现。正确地运用各种教育方法，对提高教育质量，实现教育目的，完成教育任务具有重要的意义。研究小学生思想道德教育中国学教育的途径和方法，有助于更好地推进国学教育取得实效。

一、小学生思想道德教育中国学教育的基本途径

教育途径是实现教育目的、落实教育内容的基本条件，提高对教育途径的认识可以显著增加教育效果。小学生思想道德教育中的国学教育基本途径包括：开设国学课程，开展主题化的德育系列活动，家校互动，学科渗透，环境浸润等。

（一）开设国学课程

课程是教育的心脏。国学课堂教学，是在教育实践中形成的较为稳定的国学教育组织形式。课程开设可以从教材、课时、教师、管理与评估方面来实施，是实现国学教育目的、落实教育内容的基

本途径。

“课程” (curriculum) 一词最早出现在英国教育家斯宾塞(H. Spencer)《什么知识最有价值?》(1859) 一文中。“curriculum”是从拉丁语“currere”一词派生出来的，意为“跑道” (race-course)。但这种解释在当今的“课程”文献中受到越来越多的质疑，并对“课程”的拉丁文词源有了新的理解。“currere”一词的名词形式意为“跑道”，由此“课程”就是为不同学生设计的不同轨道，从而引出了一种传统的课程体系；而“currere”的动词形式是指“奔跑”，这样理解“课程”的着眼点就会放在个体认识的独特性和经验的自我建构上，这是一种完全不同的课程理论和实践。总之，“课程”是指学校学生所应学习的学科总和及其进程与安排，广义的课程包括学校各门学科和有目的、有计划的教育活动，狭义的课程是指某一门学科。

开设国学课程，是对分科体系下的学校教育的有益的补充，是整合国学教育内容、实现国学教育价值的重要途径。

1. 小学国学课程及其类型

国学课程有多种类型。“第一，开设专门学科。利用地方课程或校本课程的时间开设少量的国学课程。第二，学科渗透。在有关学科中渗透国学知识和国学教育，例如，语文学科可结合古文加强国学教育，数学可适当增加中国算学的知识与技能（如珠算教学），理科类可在适当章节介绍中国古代科技成就。第三，隐性课程。可通过校园文化、参观旅游、各种表演竞赛形成国学教育的氛围，使学生在潜移默化中受到国学陶冶。第四，微型课程。通过不定期的报告、讲座、讲演等形式，进行国学教育。”① 目前，国内中小学推进

① 毕天彰．国学教育热——对中国思想文化传统的新的认同．《河南教育学院学报》，2006（4）．

国学教育，大致采取的都是这些方式，不同程度地实现了国学课程单设，长短课结合，注重国学教育环境氛围的营造。例如深圳罗湖区凤光小学每天在电子屏幕上滚动播出《弟子规》、《三字经》、古诗词、格言警句、儒家经典等；每天下午开设10分钟的古诗欣赏。广东澄海实验中学结合高考必考篇目和语文课的教学，开展以班为单位的经典诵读活动，每周安排两个早读时间集体诵读，广播每天两个时段播放经典名著和配乐朗诵，每学年举办一次诵读比赛。山东大明湖路小学将1至6年级的国学课程定为每周一节，并坚持利用早自习和课前的零星时间，持续开展诵读活动。重庆市江北区已经将国学课程纳入重庆市江北区课程计划，确保每周一节，并进行督导和系统的教师培训。重庆市江北区培新小学纳入课程计划，每周利用一节课的时间进行诵读、赏析，并结合语文学科教学时间进行评点，每日中午在校读20分钟，在学校由老师（以语文老师为主，不限于语文老师）利用经典诵读课以及午间时间背诵，回家后，每天再由家长带动诵读（亲子诵读）10分钟。每周末，学校开放“小学生经典诵读乐园”，鼓励学生和家长参加“亲子经典诵读”活动。

2. 开设国学课程可以强化其综合的育人效应

开设小学国学课程，以国学为载体和内容深化小学生思想道德教育，有助于强化国学的综合育人效应。

我国国学内容源远流长、博大精深，不同的国学内容、不同年代的国学经典，在培育小学生思想道德素质的不同方面具有特殊重要意义。有些国学内容强调自律修身，使小学生养成良好品性，培育小学生的独立生活能力；有些国学内容强调奋发身上，使小学生树立远大理想信念，志存高远；有些国学内容强调民族气节、爱国奉献，培育小学生的民族意识和国家意识，使小学生养成良好的爱国主义情怀和民族精神，总体而言，小学国学课程蕴涵着品性培植、人格完善、精神世界提升等方面综合的育人效应。当前倡导古典诗文的诵读活动，不是发思古之幽情，实有其深远之现实意义，绝不仅仅是补偏救敝而已。古人把“读书明理”如何做人作为终生的追求，并特别重视幼年期的教育，而且认为越早越好，至有胎教理论的提出。教育的内容，主要侧重在良好性情的养成。性情是人生志业的基础，因而又称这一时期的教育为“筑基”。研究证明，人生的第二时期，才开始进入读书明理的阶段，古人称这一时期的学习为“童蒙养正”。“童蒙”是指知识将开未开，犹如天将放曙时候，欲明未明的状态，“养正”则是指培植其端正的心性及行为。“养正”当然不能靠灌输式的道德说教。而蒙童时期接受人生智慧的学习，正如阳光洒向夜空开启黎明，因之又称此时的教育为启蒙。至于潜在而深广的启迪，将随着人生的经历，逐渐释放扩展开来。人生的少年时期，则步入了养志的阶段。童年时代播下的种子，此时已是根芽舒展，蓬勃欲吐，到了意气风发、确立一生志向的选择时期。此时的诵读，要在诗文经典的基础上，增加史书的涉猎，古今中外历史人物的感人事迹，对于理想抱负的指引，豪情壮志的激发，将会起到莫大的鼓舞作用，成为进一步奋发向学的无形动力。千里骥足，万里风云，都从立志的一刻开始积蓄无尽的能量。作为人伦师表的孔子，就是“十有五而志于学”，他的一生给历代的青少年树立了向学的楷模。

教导小学生诵读的目的，就是要在其心性纯净时，沐浴于朗照六合的智慧之光，徜徉于不废万古的生命之流，以应接外部世界变化不居的挑战，担负起新世纪民族以及人类发展的历史使命，为今后的志业奠定一个坚实基础。

国学课程应当定位为建构学生文化大视野与民族心理结构的通识课程。国学的学习和教育，“一、此学不是零碎断片的知识，是有体系的，不可当成杂货。二、此学不是陈旧呆板的物事，是活泼泼的，不可目为古董。三、此学不是勉强安排出来的道理，是自然流出的，不可同于机械。四、此学不是凭借外缘的产物，是自心本具的，不可视为分外。”① “方今学子务求多闻，则义理非所尚。急于世用，则心性非所先。”②

在新加坡教育部门廊里的标语牌上，写着五个“共同价值观”。它们是：国家高于社区和社会，社区和社会高于自我；家庭是社会的基本单位；社区支持和尊重个人；要共识而不要冲突；种族和宗教和睦。新加坡政府教育部门规定，从小学到中学四年级必须开设道德教育课程，系统地向学生灌输五个共同价值观和传统八种美德：忠、孝、仁、爱、礼、义、廉、耻。道德教育内容很多都取自中国传统经典，强调东方价值观。小学《好公民》课文的内容选取了许多中国的传统故事。如在四、五、六年级的课文中，通过《勇敢的孙中山》、《苏武会投降吗》、《包公左右为难》、《铁路工程师詹天佑》和《建设新加坡的国家领袖》等故事，对学生进行爱国主义的教育；通过《七步成诗》和《岳飞是个孝顺的儿子》等故事，对学生进行家庭伦理教育；通过《烽火台起火了》、《曾三的一日三省吾身》和《陶侃的母亲》等故事，对学生进行诚实、慎独和廉洁自律的教育。以上这些内容对于培育小学生思想道德素质具有特殊意义，使小学生国学课程真正起到综合育人的效应。

3. 国学课程内容设计与教材建设要凸显思想道德目标

小学生国学课程内容设计与教材建设应凸显思想道德目标，这是由国学课程的理论方位和实践要求所决定的。开设小学生国学课程，目的在于促进小学生思想道德教育发展、推动小学生思想道德进步，思想道德目标对小学生国学课程内容设计与教材建设而言具有根本统领意义。偏离了小学生思想道德目标，小学生国学课程内

① 马镜泉．马一浮学术文化随笔．北京：中国青年出版社，1999：95.
② 吴光．试论马一浮学术思想的基本特色．《光明日报》，2008-10-26.

容设计与教材建设就失去了正确的理论定位和方向引领，小学生国学教育就失去存在意义。只有牢牢把握小学生思想道德目标，切实凸显小学生思想道德目标，不断推进小学生思想道德目标实现，小学生国学教育才能确立自身存在的依据。

小学生国学课程内容设计与教材建设凸显思想道德目标，就是要着眼于小学生思想道德发展和培育小学生社会主义思想道德需求而设计小学生国学课程内容、建设小学生国学课程教材，以社会主义、集体主义和爱国主义为核心，切实选择体现和彰显这三方面内容的国学课程内容，通过科学选择国学内容，运用现代立场和眼光来阐释和创新国学课程内容，不断推进小学生国学课程内容设计与教材建设向思想道德目标趋近，更好地凸显思想道德教育目标。

在小学生思想道德教育中加强国学教育，在内容设计与教材建设上凸显思想道德目标。因为这直接与课程目标定位、教学方式选择、对国学教育如何促进小学生的发展等有关。例如，深圳凤光小学“新六艺”国学启蒙教育行动在民族文化和国学教育的大范围内，对一至六年级的学生进行启蒙教育活动时就紧贴思想道德目标，主要围绕诗歌词赋、民族精神、民族技艺三条主线，按照诗、礼、书、画、武、乐六方面进行，故称为“新六艺”国学启蒙教育行动。该校确立明理、蒙正、笃行的国学教育目标，明确了“新六艺”国学启蒙教育的实施遵循以下原则：传统与善于创新的校本化显现，民族特色与国际惯例的跨文化对话，精神与人文底蕴的新时空整合。应当说；关于国学课程目标与实施原则的思考探索，他们是大气而且有深度的。又比如，重庆市江北区培新小学设计的国学教育内容以及经典诵读与思想道德目标紧密相关。一年级：语文课程标准中推荐的优秀古诗文 20 首和《弟子规》。二年级：语文课程标准中推荐的优秀古诗文20首、《三字经》和《论语》1篇。三年级：语文课程标准中推荐的优秀古诗文30首、《千字文》和《论语》4篇。四年级：优秀古诗文20首、《论语》、寓言故事10则和神话故事。五年级：《大学》、《中庸》和现代诗文10篇。六年级：《孟子》和现代诗文10篇。诵读经典著作多为儒家经典。

重庆市江北区自编的国学教材体现了这样的思想，具有如下特点。第一，立足于经典，立足于根源性的文化智慧，而不是简单的名著和文选的组合。国学教材由三册构成：第一册《弟子规》与《声律启蒙》，是供小学一二年级使用的注音读物。注重启蒙教育阶段学生基本行为规范的养成，注重识字量的增加与纯正汉语言感觉的培养。第二册《论语》《孟子》《学记》选读，供小学三四年级使用，力图使学生对儒家思想占主导的中国传统文化有初步的了解。第三册《老子》《庄子》《大学》《中庸》，供小学五六年级使用，让学生从更深一个层次，对中国传统文化的丰富性有体认。第二，立足现代语境与多元文化视野。教材编写采用教本与读本合一的形式，通过准确的注释、白话解析以及精当的点评，让教师教得更方便，让学生学得更自如，并且最大限度地避免师生误读。编写时注重现代语境的审视、注重比较文化的视野、注重教材内容的可读性与根源性。例如第一册《弟子规》共有66则超级链接，其中33则古代，33则现代；国外19则，国内47则；非故事题材22则。

4. 小学国学课程实施以经典诵读为主

适应于小学生认知水平和国学内容特性，小学国学课程实施以经典诵读为主。小学生的认知能力和认识水平正处于逐渐形成和发展过程中，尚未成型，还不成熟。因而，小学生的个体认知能力有限，他们对国学内容还不能完全理解和领悟，只能逐步习获和熟识。由此，小学国学课程教育，实质上是树立起小学生的思想道德观念，确立起小学生的是非、善恶、美丑等观念，使小学生形成基本的社会规范意识。随着社会发展进步，国学内容在表达方式、词语构造、表现方式等方面都与当代思想道德教学内容有所区别，因而国学内容对于当代人而言在学习、理解和领悟上都有难度，小学生学习国学内容，面临更大难度。因而，小学生思想道德教育中的国学教育，其课程实施应以经典诵读为主。

诵读经典是最经济、最简单的国学教育途径。实践中人们在以下方面已经达成共识。第一，经典一部，胜杂书万本。经典是历史选择的结果，是大浪淘沙的结果。经典与其他书相比，是以一当十，以一当万。第二，读经典的最佳效果是背诵，熟读背诵了，才真正归自己所有，然后随时可以消化、吸收、推陈出新。第三，人生小幼，精神专利，晚背不如早背，小时候记忆力好，记得快记得牢，不要等到年龄大了，神经系统发育完成了，固定了，才动手开发锻炼记忆力，那就迟了。第四，以简御繁是经典的特点，少数经典可以带动海量知识的学习掌握。第五，读诵经典，可以实现传统与创新的统一。经典之所以叫做经典，是因为它们创造力强，内功精深，厚积薄发，高度浓缩，因此不容易老化，后劲十足。最后，读经典，有利于培养现代公民、建设现代国家。现代社会是多元文化交错的社会，一个人不可能只接受单一的某一种文化。近百年来，西方强势文化影响于东方、影响于中国，是不争的事实。我们也无须拒绝这种影响。只是当我们接受异质文化的时候，应该收拾好自己文化的主体，打点好自己的文化精神，把传统文化与现代文化融在一起，那才意味着新的文化的诞生。当前有少数人把现代化和西化完全等同起来，以为自己的文化传统无法和现代性相衔接，这是一种过时的看法，不应让这种看法成为我们的文化导向。我们正在进行的现代化进程，同时有一个提高全民族文化素质的任务，可以肯定地说，要完成这个任务，必须营造全民族的阅读风气，而首当其冲的，是营造阅读本民族文化经典的风气。小学生思想道德教育中的国学教育也不例外。

如何诵读？小学国学课程实施以经典诵读为主，应着力于以下几方面。

第一，熟读为主，努力成诵。国学教材是学生在脑筋愉悦状况下的记忆，是学生在没有压力、没有负担的情况下，生动活泼，轻松愉悦的学习。所以，背诵经典不是目的，而应该根据学生自身的个体差异，让他们在快乐的活动中反复诵读，在诵读的过程中让不同层次的学生有不同的所得。

第二，渗透为主，不求甚解。国学，涉及的内容十分广泛，让小学生学经典不是让他们一定要学到相关的知识，而是让他们在传统经典的浸润下健康快乐地成长，所以，教材中的内容只要小学生愿意读，愿意诵，在读与诵中有一些自己的感受即可，求解但不必求甚解。

第三，摘选为主，不求全文。根据学生实际情况进行内容摘选。既可以和学生的言行相结合，也可以和传统节日相结合，甚至可以和其他课程的相关知识相结合。就是要让学生知道“国学就是生活，生活中也有国学”，让国学也生活化，这样，学生的学习就更具实效性。

第四，切近小学生经验，强调知行合一。由记诵而感知再践行，是小学生思想道德教育中国学教育的基本立意。台湾国学教育强调的就是躬身实践，就是知行合一，要求把所学的内化为自己的思想和行为准则，非常注意学生生活经验的积累。国学教育应当努力做到扬弃、感悟、不懈、庄谐并重。正如马克思所说，留恋那种原始的丰富是可笑的。国学教育的目标不是复古，而是对学生进行德性培育与文化播种，所以适当改造经典，并在现代语境当中寻找经典的现实意义，是必需的。教师讲解与学生自求自得应当相辅相成。中国传统文化是丰富而且生动的，远远不是古板、正经、庄重、典雅能够概括的，温润、诙谐、逍遥、机智、宽让、痛快等，是中国文化宝贵的构成元素。

总之，开设国学课程是小学生思想道德教育中国学教育的重要途径，国学课程是小学生思想道德教育中国学教育的重要载体、重要渠道。小学国学课程实施，应贴近小学生认知发展水平，以经典诵读为主。

（二）主题教育活动

主题教育是常见的德育教育途径，也是系统深刻的体现德育目标、发挥集体教育力量，强化道德实践特性的主要途径。

道德的实践本质决定了道德教育具有强烈的实践性特征。道德教育主要不是形成一种知识体系，而是要形成一种道德的信念以及与此相应的行为方式、生活方式，使学生过一种好的、健康的道德生活。过一种好的道德生活意味着现实地履行自己的道德信念，它不仅要求学生积极的理智参与，而且更强调通过学生自己的活动来获得和强化道德价值。主题教育主要形式有以下几种。

1. 德育常规教育

所谓德育常规教育，即日常性思想道德教育，依托于一些优秀而主要的国学篇目，开展小学生国学教育活动，促进小学生思想道德教育发展，形成基本的思想道德观念和行为规范。德育常规教育具有普及性、基础性和应用性，是对小学生思想道德发展的基本要求。

在传承传统文化、弘扬中华美德的活动中，引导学生把读经典与用经典结合起来，围绕“日行一善”、“百善孝为先”、“勤劳”、“感恩”等主题组织开展一系列活动。小学生从自我做起，从小事做起，从平时做起。例如，德育常规教育和《弟子规》等经典相结合，让《弟子规》等经典指导小学生们的行为规范，走进小学生的生活。《弟子规》的思想主要体现为：第一层次，“入则孝”与感恩教育。通过感恩心理，可以从自我中心主义的牢狱中解放出来，主动无私地帮助别人，进而产生恩恩相报的连锁反应。对小学生进行感恩教育，让他们感受别人对自己的爱，体验理解别人对自己的付出，并把报答别人作为自己的一种人生信念，是情感教育的重要任务。第二层次，“出则悌”与尊重教育。尊重别人可以提升自己的生活品质，优化自己的情感互动关系，消除和缓解交往中的矛盾，增进交往中的感情融洽，使许多事情变得更好办。尊重他人，说到底是一种爱心的付出，是一种情感的交流与互动。爱是基础，尊重是表现形式。第三层次，“泛爱众”与关心教育。“凡是人，皆须爱，天同覆，地同载。”只要是人，就是同类，不分族群、人种、宗教信仰，皆须相亲相爱。人与人同是天地所生万物滋长，应该不分你我，互相合作，维持好这个共生共荣的生命共同体。

2. 主题班会活动

主题班会是班主任根据教育、教学要求和班级学生的实际情况确立主题、围绕主题开展的一种班会活动，目的是要启发学生思考道德问题，明是非，辨善恶，有爱，有憎，有追求，有责任，发展情操，养成习惯，实现激情、明理与导行的统一。它是对学生进行集体教育的有效活动，是建设班集体的必要形式，是教会学生怎样做人、塑造学生良好个性品质的基本途径。与德育的其他形式相比，它的教育活动更集中，能引导学生开展更广泛的思想交流，促进学生自我教育、自我管理；同时，有利于锻炼学生的口头表达能力、思辨能力、组织能力甚至创造性思维能力。

主题班会活动的基本形式包括这样几种。第一，国学专题讲座式主题班会，例如，“孟子与大丈夫人格”讲座。主要是向学生灌输中华民族传统的核心价值。第二，报告式主题班会。例如通过“盛唐之音”的报告，展示华夏民族的大度、包容、健康、自信的风采。有时也可以围绕一个主题让学生上台作报告。第三，座谈会。这是交流思想的一种方式，在和谐的气氛中，学生容易袒露思想。例如，让学生讨论为什么“三人行，必有我师”，涵养谦逊好学的品行。第四，讨论会。这是发挥集体的力量，对学生进行极好的教育形式。提出的讨论问题要集中，一定是学生中的典型问题、大多数学生认识模糊或认识不统一的问题。例如，在利益至上的社会，讨论“忧乐天下”何以必须，讨论家国关系，从而培植爱国情怀。第五，纪念日式主题班会。一年之中，富于教育意义的节日、纪念日比较多，这是对学生进行传统教育和爱国教育的良好契机。例如，国庆节，讨论华夏民族厚德载物、自强不息，历经千年而生生不息的原动力。第六，学习式主题班会。内容是学习方法和交流，也可以是专项学习等。例如，如何读爱国诗词。第七，展览式主题班会。第八，知识竞赛式主题班会。第九，经典影（剧）评，优秀作品读后感主题班会。这是配合主题教育的一种形式，应配合教育主题组织学生观看教育意义深刻的影片、电视剧，阅读有教育意义的文章，看了要组织学生评论，写读后感和观后感。第十，音乐会。这是主题教育的一种辅助方式。例如可以配合爱国主义教育，举办“黄河大合唱”赏析会等。

主题班队会活动深受小学生们喜欢，是对小学生进行思想道德建设的主要途径。

3. 传统节日庆祝活动

对具有浓厚的中华民族文化色彩的节日和节日习俗的特殊记忆，是维系中华民族心灵与民族文化共振的一个重要因素。一个民族、一个国家的文化，只有充分具有独特的民族性和地域性特色才会引起其他文化的关注，才会对社会成员具有强烈的亲和力，才会使生活在其中的人们对其产生深深的依恋。

民俗和民族文化教育的特征之一，是它并非完全通过教室和学校的课堂式教育形式实现的。它往往是不计时间和地点，不拘人数和场合，不记名式的，以用各种形式和行为的反复这样一种方式，逐渐形成每个人心理上的对民族文化的联想记忆。对年青一代的教育，不应仅仅着眼于其学习知识或语言的成绩优秀与否，而需要尽快恢复或造就一个使年青一代能够从小耳濡目染民族传统文化的社会生活氛围。要运用多种形式、多种方法在整个社会形成一种传统节日文化的熏陶、教育的环境。在传统节日方面，要实现不仅人人过节，并且人人懂得传统节日的文化蕴涵，运用多种轻松明快的方式教会人们懂得节日仪式·节日食品的由来和变化等。这样人人"过节知节"，才能油然而生喜爱传统节日、尊重传统节日并沿袭它的愿望。年节是强化小学生民族认同感的重要内容。

2007年年底，国务院正式公布了国家法定节假日调整方案。春节、清明节、端午节和中秋节四个民族传统节日，被纳入了国家法定节假日（还应增加元宵、七夕、重阳节）。它彰显了中国人对传统文化的自信心，激发了民族自豪感，成为中国人"文化自觉"与"文化主动"，创新中国文化的新舞台。重庆市江北区抓住教育契机，按照中央宣传部、教育部等几部委文件要求，清明节开展了"红岩精神照千秋、清明情思祭先烈"的主题集会活动，该活动在中央电视台焦点访谈清明节当天播出；端午节组织了"中华魂，爱国情"迎端午经典诗文诵读会，重庆电视台在端午节当天全程播放该活动；按照中央文明办公室和重庆市文明办公室的要求，中秋佳节组织的"巴山月、中华情"市教委已经选送中央电视台。各种形式的活动让学生充分了解了各大传统节日的来历、风俗等知识，激发了学生学习传统文化的兴趣。

4. 社会实践活动与社区教育

社区教育在社区发展中具有形成社区居民积极的价值观、生活态度和道德规范，提高社区居民的素质和文化水平，建设良好的社区文化、培养社区角色等主要功能。社区教育能冲破原有教育管理体制的弊端，形成一个各种教育因素的集合体，实现教育与社会一体化，最终达到学习型社会的目标。社区教育是学校教育的大环境，也是学校教育的延伸和补充。

将国学教育融入丰富多彩的社会实践活动中，使国学教育起到丰富学生知识、规范学生行为、陶冶学生情操的作用。让学生在活动中诵读经典，热爱经典，从而走进经典，迷恋经典，进而受到感染、熏陶、浸润，更好地发挥出国学教育润物细无声的作用。例如成都文翁书院每个周末的公益国学讲座，让学生、家长、社区居民与国学亲密接触；岳家桥小学定期举行“家长学校”经典诵读推介会，让“新市民”文化素养得以提升；光华小学“与孩子一起读国学”活动，得到家长的积极响应。青羊区还利用成熟的社区教育区、街、居三级网络平台，开展了“国学进社区万名市民网上答百题知识竞赛”、“国学专家顾问团”、“国学经典讲师团”等大型活动。如今，“小手拉大手，国学进社区”已成为构建终身教育满覆盖，基础教育与社区教育有效联动的模式。

目前，提高公民整体的文化素质和道德素质，为国学教育提供一个更加充满认同的舆论环境，需要全社会从制度、机制、舆论建设等各个方面，形成整体合力。

（三）家校互动

教育的效果取决于学校和家庭的教育影响的一致性，家庭教育不是学校教育的简单重复，更不是学校教育的简单继续。家校互动是实现国学教育目标、保证德育实效的重要途径。

1. 家校互动的意义

首先，有利于形成教育合力，为小学生创设良好的成长环境。由于家庭教育是在家庭成员之间进行，这就决定了它的初始性、持久性和施教者与受教者之间的关系的亲密性，自然家庭教育对人的影响之大就不言而喻了。纵观历史，可以看到良好的家庭教育使人终生受益，而不好的家庭教育会贻误孩子终生。前苏联教育家苏霍姆林斯基曾把学校和家庭比作两个“教育者”，认为这两者“不仅要一致行动，要向小学生提出同样的要求，而且要志同道合，抱着一致的信念”[①]。

学校作为培养教育人的基地，开展的国学教育往往是有目的、有计划，比较系统化的，而家庭教育却常常是非计划的。再加上国学教育作为新兴的教育方式纳入学校教育，家长对学校国学教育的目的、方式等都不太了解，这很容易造成家庭教育的偏差和空白。所以，进行有效的家校互动就能让家长了解学校国学教育的方式、内容和要求，使家长能在对孩子的教育过程中，配合学校开展教育，保持与学校教育的一致性，使学生健康成长。

其次，有助于家长了解孩子，开展针对性教育。每个学生的性格、能力、爱好都是不同的，在学校国学教育的过程中，学生在学习与思想上可能出现不同的特点：有人学得快，有人则慢些；有人转变快，而有人转变得慢；有人兴趣比较浓厚，也有人兴趣比较平淡。家校沟通能帮助家长了解自己孩子在行为习惯、学习习惯等方面的表现，进而掌握学生的思想动态和心理动向，开展针对性教育。

再次，有利于家长了解学校的教育动态，参与学校教育教学管理。学校教育虽然严格按照国家的教育要求办学，但社会和家长对学校的要求也是学校教育不断优化的一种动力。特别是有很多家长对国学有比较深入的研究，这些都是学校发展的宝贵资源，因此，聚集这些家长，不断地提出改善学校教育的要求，传授社会上的经验，调动家长及社会成员改善社会环境的积极性和主动性，学校充分利用家长这一有力的教育资源以优化学校内外的教育环境，使学生接受的教育更完整。

① 苏霍姆林斯基．给教师的建议．北京：教育科学出版社，1984：81.

家庭教育对人一生所产生的作用，是其他教育（学校教育、社会教育）所无法替代的。同时，家庭教育对社会所产生的效用也是其他教育力所不能及的。因此，一个社会的国民教育，仅有学校教育和社会教育是不够的，必须是学校教育、社会教育、家庭教育三者并举才完整。而家庭教育则是提高全体国民素质的基础。家庭教育是一切教育的基础。通过家校互动、亲子共读，来推动国学教育，培植学生德性，培养语感，强化民族自豪感与自尊心，是极好的途径。

2. 家校互动的途径和方法

第一，召开家长会议，宣传国学教育理念。国学教育对于学校教育来说是一个崭新的教育途径，对于家长来说是一个崭新的教育理念。在学校开展国学教育的初始阶段，家长对国学教育不了解，甚至有家长会认为这是在给小学生增加负担，或者会认为是拿小学生在当试验品。因此，学校根据工作进程，于适当的时间，召集家长，面对面进行沟通，向家长宣传学校开展国学教育的思考和方法、理念。使家长对国学教育对学生思想道德建设的重要性和必要性有比较清醒的认识，进而获得家长的支持，为学校国学教育的开展奠定坚实的基础。

第二，开设家长学校，传授国学教育方法。家长学校是探索性家校互动的一条很好的途径，一种很好的媒介。在国学教育开展的过程中，学校可以邀请专业的国学教育理论工作者为家长进行不定期的理论辅导和专题讲座，为探索家庭环境中国学教育规律给予理论武装；也可以及时召开共同感兴趣的家庭教育问题研讨会，交流教育子女的经验与教训；还可以经常提供在国学教育实施过程中对学生进行定性、定量分析的各种信息，使家长在了解学生共性问题的基础上，结合自己子女的个性问题，具体考虑对策、措施和教育方法；在家长学校，可以请一些家长代表现身说法介绍育人的经验，促使其他家长的心理水平由依赖、应付性逐步向合作、目标性转化。

第三，开展亲子共同参与的活动，感受国学教育魅力。家庭中的亲子关系将对小学生终身发展产生重大影响。亲子关系直接影响小学生的心理发展、态度行为、价值观念及未来成就，开展丰富多彩的亲子活动不仅有益于亲子之间的情感交流，促使亲子关系健康发展，同时对学生本身的发展也具有重要的促进和影响作用。学校应当以丰富多彩的活动为载体，与家庭一起为学生营造国学教育氛围。如："亲子共读"让家长同小学生共同感受传统经典的无穷魅力，共同成长。"同上一堂课"让家长、学生、老师心连心一起畅游经典文化海洋。"同台表演"让家长、学生、老师手拉手演绎传统文化带来的成长乐趣。"一封家书"运用经典习作，让家人与孩子的天空更加纯净。

第四，设置专题网站，交流国学教育心得。网站具有信息量大、沟通灵活、方便快捷等特点，学校专题网站架起了学校与家庭、学生、社会交流的桥梁。在国学教育过程中，学校可利用国学教育专题网站，发布学校教育的最新信息，既给学生展示的平台，又给家长了解学校、了解孩子的平台；同时，学校还可充分利用专题网站让家长、学生、老师在同一平台对话，交流心得体会，促进学生的健康发展。

（四）学科渗透

现代教学理念注重加强学科教学的德育渗透意识和现代德育意识。德育教育常常通过"整体、科学、现代、主体、优化、深层、实效"德育渗透的学科教学实现。学科教学中的德育渗透是德育工作最有效最经常的途径。

1. 国学教育是对现有学科知识的重要补充

国学的范围非常广泛，从时间而言，纵贯五千年的历史与文化；

从空间而言，涵盖三江五岳的人文和生活经验；从内容来看，囊括各级各类知识与技能；从思想来看，包揽了一生做人的准则。这些都记录在历代的典籍中，表现了华夏民族高度的智慧，以及东方文化丰厚的异彩。对于小学生而言，它既可丰富学问，又能开阔视野。此外，经典教材都是文言，经典诵读可以让小学生接受文言的滋养，奠定雄厚的语言基础。

小学生处于童年期，单纯无邪，心如明镜。经典诗文是古代圣贤思想、智慧的结晶，是我们民族文化的瑰宝。它所具有的文学价值、它所包蕴的人文精神更是毋庸置疑。诵读它，可以修养身心，增加智慧，开启成功之门；诵读它，可以让人懂得认识美、领略美、欣赏美、享受快乐人生。因此，开展经典诵读，能使小学生树立远大目标。一般说来，“道德”、“品性”、“气质”等素养，很难“教”成，靠的是“陶冶”、“熏习”或“耳濡目染”、“潜移默化”培养出来。经典中皆是美心美文，嘉言懿行。让学生熟诵于口，濡染于心，会使他们在不知不觉中提高品性和修养，比单纯的说教效果要好得多。这对于培养“有道德、有纪律、有文化、有理想”的“四有”新人具有重要意义。在学生记忆力强的时期诵读的经典可以作为一种终生去消化、理解、受益的储备。在学生成长过程中，经典会对学生的终生发展起到潜移默化的影响，这是名副其实的终身教育。

经典诵读能使学生增强智慧，提高学习效率。在诵读过程中，小学生反复念唱的音韵律动与眼看经文的视觉作用，皆能刺激右脑。在左右脑同步运作下，学生的学习能力可以开发三至五倍，并可以同步开发小学生的记忆力、专注力、理解力与创造力。心理学研究表明，0至13岁是人的机械记忆能力最强的时期，这个时期的小学生学东西，不光记得快，而且记得牢。阿拉伯谚语曰：“少小时学习如金子上的雕刻，长大时学习如沙土上的记录。”因此，抓住小学生记忆的黄金时代，让他们诵读些经典的、高雅的、有深度的东西，既涵养身心，又开发智力，还增强能力，会使他们牢记终生，也受益终生。北京有个教现代文学的大学老师，原来她不太赞成自己的孩子背古典诗文。她认为这些内容很难，而且要求很高的审美水平，在不容易理解的情况下很有可能产生歧义。有一天，她带着二年级的女儿漫步在北大未名湖畔。面对着图画一样美丽的湖水清莲，她正琢磨着该如何描述，女儿脱口说出一句诗："小荷才露尖尖角，早有蜻蜓立上头。"她被女儿如此贴切的审美表述惊呆了。这两句诗动静结合，远近相交，体现了一种非常生动的意境。这使她认识到，孩子的审美能力是需要幼年时期开发的。小学生背诵的古诗文，难易结合，长短相交，一篇篇诗文的成功背诵，使他们在获得成就感的同时，也培养了持之以恒的精神。

2. 整合学科资源，充分发挥国学课程的濡染作用

第一，在语文课教学中，培养语感，培植爱国情。国学中的经典美文与语文是一脉相承的，因为现代汉语是古代汉语的继承与发展，在教学中，教学内容和方法相互交叉，相互渗透。语文课程标准指出："语文课应培养学生热爱祖国语文的思想感情，指导学生正确地理解和运用祖国的语文，丰富语言积累，培养语感……"小学语文教材无论哪种版本都注重了从低年级开始就让学生学习古诗词，随着年级升高，还出现了一些短小的文言文，就是要让学生体会祖国语言文字的魅力，激发学生的爱国热情。老师在教学中，不仅可以引导学生读好课文中的经典美文，还可以根据教学内容，适当增加相关的文言文和古诗词，给学生创造欣赏经典、品味经典、学习经典、运用经典的平台。

第二，在思想品德课教学中，发掘优秀文化、传统智慧的育人因素。思想品德课在小学教育中的价值应当得到凸显。苏霍姆林斯基认为，只有当知识在变为个人信念，变为人的精神财富，从而影响到他生活的思想方向和劳动、社会积极性及兴趣时，知识的获取

过程和知识的深化过程才能成为智育的要素。世界观的形成乃是智育的核心。

文以载道是中国文章的特性。如《岳阳楼记》，向学生展示了古代仁人志士忧国忧民的思想；老子的“上善若水，水利万物而不争，处众人之所恶，故几于道”告诉学生要自然、平和、清澈、利他、不争、空阔……这才是大智慧；《大学之道》中的“欲治其国者，先齐其家；欲齐其家者，先修其身……”能让学生懂得“一屋不扫，何以扫天下”的道理。这些经典美文能让学生的思想认识、道德修养、文化品位和审美情趣得到提高。在学生幼小的心灵世界根植下正义、美善和爱的种子。

文化乃思想道德教化之根。品德与社会课程旨在促进学生良好的品德形成和社会性发展，为学生认识社会、参与社会、适应社会，成为具有爱心、责任心、良好的行为习惯和个性品质的社会主义合格公民奠定基础。在品德课教学中，老师可以引导学生运用经典美文中学到的知识，来表达自己的感受，使中华民族五千年的文明得以延续，生生不息。如，教学三年级《品德与社会》第二单元《我在学习中长大》的第三课《做学习的主人》一课后，可以引导学生用“子在川上曰：逝者如斯夫”，“莫等闲，白了少年头，空悲切”，“一寸光阴一寸金，寸金难买寸光阴”等经典语句来加深自己的理解和感悟。这样，教师在对学生知识技能传授和能力培养的同时，又结合经典对学生进行思想品行教育，于潜移默化中陶冶了学生高尚的情操。

第三，在艺术教学中，培养审美情趣，涵养人格气质。中华传统艺术在世界上享有盛誉。悠扬传神的中国民乐，明艳夸张的京剧脸谱，真实可感的国画作品，龙飞凤舞的中国书法，精致细腻的雕刻艺术……看的、听的、唱的、画的、说的、写的，中国传统艺术存在于人们生活的方方面面。在艺术课教学过程中，老师可以将教学内容与艺术鉴赏充分结合，充分调动学生的身体器官，感知艺术作品带来的美好享受，同时引导学生欣赏这些艺术作品，动手临摹制作进而达到培养情趣、涵养人格的目的，努力朝着追求真善美的理想境界迈进。

此外，国学还可以与英语、科学、体育等学科整合，使学生广泛地了解社会，认识人生，继承中华民族的优秀文化传统和勤劳勇敢善良的美德，形成科学的世界观、人生观、价值观。

总之，国学教育是对现行学科体系的补充，国学教育与现代教育目标有着惊人的契合度——关注生命，追求自我人格的完善和道德提升；强调仁爱，追求人与自然的和谐共生；躬行践履，在实践中不断超越自我，实现社会价值；乐天进取，积极面对人生的压力与挑战等。

（五）环境浸润

环境浸润，是思想道德教育的重要途径。其着眼于强调隐性教育在小学生思想道德教育中的重要价值。

隐性教育是指没有确定的施教主体，没有明确的教学目的、计划和固定集中的学习场所，由潜在于班级、学校和社会中的隐含性教育因素及外在环境潜移默化，引起学生心理情感知觉改变和建构的一种实践活动。隐性思想道德教育，是一种主要侧重于对学生情、意、信等非智力因素的开发，使学生通过春风化雨的方式陶冶情操、磨炼意志、坚定信念的教育。它具有以下特点：一是资源具有丰富性。隐性教育由于是受教育者自己有意或无意通过直接体验或间接体验观察获取某种经验的过程，使得它可以不受这些因素的制约，从而摆脱了教育者对教育因素的控制，可以利用的资源非常丰富，这就适应了教育对象需要和特点的差异性，对不同层次的教育对象具有了很大的包容性。二是内容具有渗透性和合力功能。教育者的教育意图越隐蔽，就越能为教育的对象所接受，就越能转化成教育对象自己的内心要求。隐性信息的获得不是活动本身指向的目的，而是附加物、伴随物，这种信息是受教育者通过直接体验或间接观察获得的。三是方式具有迂回性和弥散性。它一般不与教学计划直接相联系，并非直接由教师所传授，更多时候是无意识的收获，是一种情感的体验，因此，隐性教育的方式是迂回间接的，因此常常令人印象深刻。四是过程具有顺然性。隐性教育能很巧妙地化解"自身免疫效应"，它在实现人的思想转化过程中，不知不觉地、顺乎自然地将某种思想意识转化到受教育者的思想中去。五是效果具有长久性。隐性思想道德教育往往使受教育者对物质文化、精神文化、制度文化、人文文化、人格文化以及舆论文化等产生无意识的作用，并成为教育影响因素。它是通过学生自身的同化、接受和顺应而潜移默化地起作用的，并不是出于显性外在的灌输和强制，因此教育的效果要持久和稳固得多。

国学教育环境的浸润主要包括三方面。

1. 精心打造书香校园

任何人的生存和发展都离不开环境的影响和制约，人和环境总是处在永不停息的相互作用中。"大脑存在于人中，人存在于文化中，因此，建立一个合理、向善和健康的道德文化环境对于道德成长至关重要。"① 培养良好的道德情操要与校园环境建设相结合，校园环境是陶冶情操、美化心灵的信息源。要以国学为载体进行教育，必须在环境创设上突出优秀传统文化和谐儒雅的特点。

第一，加强物质环境建设，营造校园文化氛围。校园环境作为校园的生态系统，其物质环境主要是指校园内经过人们组织、改造而形成的校容校貌和校园学习环境，具体指校容、校貌、自然物、

① 朱小蔓．关于学校道德教育的思考．《中国德育》，2002（5）．

建筑物及各种设施等。这种物质环境的作用体现出“桃李不言”的特点，却能使学生不知不觉、自然而然地受此熏陶、暗示、感染。重庆市江北区许多学校在学习区开辟“中华诗词每周一帖”专栏，每周展示古诗文中的名言警句；各班开辟励志劝学修身正行的“道德古训专栏”，每周更新内容；设立《中国文化遗产》、《中华传统节日》、《华夏民族风情》三个固定宣传栏。突出传统的、和谐儒雅的“人境互动”，能让学生时刻感受到修身的人文氛围，为学生道德的发展提供导向。

高尚文雅的校园文化形成一个强大的磁场，潜移默化地影响着学生的情感和认知，促使置身于磁场中的学生与其反复“对话”，逐渐磁化、趋同，形成相应的价值观，提升学生的情性和修养。

第二，加强精神环境建设，提升师生思想境界。从师生个体角度看，精神环境又是心理环境。它是学校环境文化中最坚韧的物质和内核，体现在师生的精神面貌、校风、学风、集体舆论、校园精神、学校形象等方面。校园精神环境是校园的灵魂，是学校师生认同的价值观和个性的反映，是一种潜在的教育力。良好的心理环境和校园精神环境会使人的精神愉快，具有催人奋发向上、积极进取、开拓创新的教育力量。学校可以将班级文化建设、学校活动、班级活动等充分与国学思想精髓相联系，让师生在实际的感受中提升道德内涵，并逐渐树立以社会主义理想和道德为核心内容，以科学态度、开拓精神、创造能力和高尚品格为目标的校园精神环境，形成团结、和谐、融洽、民主、友好、合作的人际关系环境和公平、理解、抑恶、扬善的集体舆论环境。

第三，加强活动环境建设，搭建师生展示平台。校园环境文化作为学校的一个生态系统，其活动环境是指社团学术活动以及满足师生不同需要的文化娱乐活动等。文化活动是校园文化中最具特色的东西，是校园文化的生命力之所在。国学中所包含的活动元素很多，如书画展示、传统节日庆典等，这些活动是建立在传统文化的基础之上，本身就具有一定的教育内涵，以生动欢快的活动形成展现在学生的面前，既能为师生所接受，又能为他们搭建展示自我的平台，在丰富的活动中，师生的精神世界得到极大满足，从而促进校园的精神文明和谐健康发展。

2. 建设书香家庭

第一，建设书香家庭是小学生国学教育实施中实行环境浸润的重要途径。家庭环境是小学生学习生活的重要环境，对小学生思想道德发展具有重要影响。小学生思想道德教育中的国学教育应高度重视对家庭教育环境资源的开发和建设。从人的社会化角度看，家庭是小学生接触的第一个微观社会关系。父母的社会地位、物质生活状况、思想观念和道德品质、家庭成员和亲属关系，以及父母对子女的期望、态度等因素，对他们思想道德品质的形成和发展均会产生深刻而持久的影响。因此，家庭教育这种“先入”式的影响，与学校教育相比，往往是有更多的奠基性“走向”作用。

第二，建设书香家庭的主要途径有这样几方面。

倡导亲子共读。中华国学博大精深，包罗万象，家庭教育是国学的一个重要组成部分。家庭成员在一定程度上是学生的依赖，也是学生学习的动力。小学生由于年龄小，自我控制能力弱，在学生学习国学的过程中，很有可能出现懈怠或半途而废的现象。这时，家庭成员采用清早齐背、晚间同读等各种方式介入学生的学习过程，和他们一起读一起学，学生在精神上会产生愉悦，学生会乐于接受这样的学习。

家长以身垂范。国学中最值得后人借鉴和学习的是古人的智慧、风度和价值信念。国学中的传统美德对于小学生的思想道德建设有着极为重要的作用。但是，对于小学生来说，国学毕竟显得深奥，即便是用通俗的语言告诉他们，在他们的脑海中也是概念化的道德。

如何将这些概念转化为实际行动？这就需要家长充分发挥其示范作用。家长是学生最好的老师。家长重视生活中的一言一行，以身作则，用自己的行动影响孩子，再结合国学内容告诉孩子自己为人处世的道理，学生就能在这样潜移默化的教育和浓郁的家庭氛围中养成良好的道德品质。

家庭成员文化考察。中国是一个文明古国，虽然在现代化的建设进程中发生着翻天覆地的变化，但是中国传统的文化气息和文化建筑、文化设施仍然在向人们透射着中华传统文化的魅力。每一种文化中都反映着中华民族特有的传统美德和传统智慧，这是对学生最实在，也是最有效的教育。因此，家庭可以经常组织寻民族遗风、游览古迹等各种实践活动，让学生在活动中感受传统文化和传统美德的真实，从而树立做具有民族文化根基的现代人的理想。

3. 建设国学教育的社会环境

社会环境是指人类生存及活动范围内的社会物质、精神条件的总和，广义包括整个社会经济文化体系，如生产力、生产关系、社会制度、社会意识和社会文化；狭义仅指人类生活的直接环境，如家庭、劳动组织、学习条件和其他集体性社团等。

社会环境的构成因素是众多而复杂的，但就对传播活动的影响来说，它主要有四个因素：政治因素、经济因素、文化因素、信息因素。政治因素包括政治制度及政治状况，如政局稳定情况、公民参政状况、法制建设情况、决策透明度、言论自由度、媒介受控度等；经济因素关系到经济制度和经济状况，如实行市场经济的程度、媒介产业化进程、经济发展速度、物质丰富程度、人民生活状况、广告活动情况等；文化因素是指教育、科技、文艺、道德、宗教、价值观念、风俗习惯等；信息因素包括信息来源和传输情况，信息的真实公正程度、信息爆炸和污染状况等。如果上述因素呈现出良好的适宜和稳定状态，那么就会对大众传播活动起着促进、推动的作用；相反，就会产生消极的作用。

二、小学生思想道德教育中国学教育的主要方法

方法是实现目的的手段。主体对客体的活动有多种多样，概括起来无外乎就是认识世界与改造世界，认识世界所采用的方法称为思想方法与认识方法，改造世界的方法称为工作方法与行动方法，思想方法与工作方法紧密联系、相互渗透。小学生思想道德教育中国学教育的方法，就是教育者在对小学生进行思想道德教育的过程中，为实现教育目标、传授教育内容所采取的与之相适应的方式或手段，它是实现主体与客体双向交流的渠道。从形式上看，教育目的和内容以观念和知识的形式存在；从性质上看，是实行教育内容和要求向教育对象思想转化的桥和船；从形成过程来看，思想道德教育中国学教育的方法与思想道德教育的活动相生相伴，教育实践活动就是一个不断研究新问题、创造新方法、解决新问题的过程。教育方法是附着在教育实践活动上的动态因素，它不但具有数量与种类多样化的特点，而且会随着教育实践活动的发展而不断发展。

（一）确立小学生思想道德教育中国学教育方法的理论前提

小学生思想道德教育中国学教育方法的选择和确立，必须确立一定的理论前提。只有切实以科学理论为指导，小学生思想道德教育中国学教育方法的确立才具有针对性和富于实效性。

1. 马克思主义的认识论

马克思主义认识论立足于社会实践的观点，全面正确地分析和说明了人对世界反映的社会性、主体性和能动性。人与世界的关系首先应是改造与被改造的关系。人是在自觉地改造世界的过程中反映世界的。正是在这样的关系中，人们既改造着客观世界，也改造着自己的主观世界。人对世界的反映能力也是随着实践的发展和历

史的变化而发展着的。马克思主义认识论把辩证法贯彻于反映论，指出人对世界的能动性反映是充满矛盾的辩证过程。就人们对具体事物的认识而言，反映要经过从生动的直观到抽象的思想，再到实践的反复运动。就人类对整个世界的观念把握而言，反映是实践—认识—再实践—再认识的循环递进过程。也就是说，自然界在人的思想中的反映不是没有运动，不是没有矛盾，而是处于矛盾运动的发生和解决的过程中，从而科学地揭示出了对世界的能动的反映是一个由浅入深、由片面到本质、由感性到理性的递进的发展的过程。

毛泽东的实践理论认为："无论何人要认识什么事物，除了同那个事物接触，即生活于（实践于）那个事物的环境中，是没有法子解决的。""实践、认识、再实践、再认识，这种形式，循环往复以至无穷，而实践和认识之每一循环的内容，都比较地进到了高一级的程度。这就是辩证唯物论的全部认识论，这就是辩证唯物论的知行统一观。"这一理论还认为，人的正确思想不是从天上掉下来的，也不是从娘胎里生下来就有的，而是来源于人们能动的革命实践。道德教育蕴涵道德认识，以丰富道德情感，增强道德意志，改善道德行为为依归。躬行践履是思想道德教育的途径，更是思想道德教育的目标。

马克思主义认识论深刻阐述了实践与认识之间的辩证关系，既表明实践对于认识而言的重要意义，又表明认识对实践所具有的反作用。马克思主义认识论奠定了小学生思想道德教育中国学教育方法的确立的坚实理论根基。小学生思想道德教育中国学教育方法的确立应从实践出发，以小学生思想道德教育中的国学教育实践为根本准绳，同时，又要充分发挥教师的主观能动性，对小学生思想道德教育中的国学教育方法做出理论总结和提炼，不断提升小学生思想道德教育中的国学教育水平。

2. 情感体验论

情感是道德的基本成分，情感体验也是个体道德内化的关键因素。研究道德体验离不开情感体验理论的指导。心理学认为，道德品质是个体依据一定的道德规范在行动时表现出来的某些稳定的心理特征。这个完整的心理特征，即由道德认识、道德情感、道德意志、道德行为四部分构成。个体品质的形成，必须经过由外到内、由内到外、不断内化、不断外化的循环反复之后才能形成，在这一个过程中，情感是认知、意志与行为活动的启发、发展和维持的动力，是构成心理素质的重要成分；体验是认知内化的催化剂，又是主体情感的生发剂。没有主体情感体验参与的思想道德教育注定是空洞、无效甚至是负效的，只有情感体验的参与，主体德性才有可能形成。

情感体验论之所以是小学生思想道德教育中国学教育方法确立的重要理论前提，就在于小学生的认知发展水平决定了小学生思想道德教育中的国学教育重体验而非知识、重情绪情感而非理解领悟。小学生思想道德教育中国学教育方法的确立，应牢牢把握情感体验的基本旨趣，侧重于对小学生的思想道德意识的激发和导引。

3. 主体学习理论

道德教育作为培养人、促进人发展的活动，它不仅要让学生将社会规范内化为基本素质，同时还要让学生获得自我创新、全面发展。因此，在道德教育过程中，只有充分发挥学生在道德学习过程中的主体地位，唤醒、激活与弘扬个体潜能中的积极因素，不断提高他们自我感受、自我选择和自我判断的能力，才能激发学生的主体意识、发展学生的主体素质、提高学生的主体能力；才能促使学生完善主体人格，塑造主体形象，才能以积极的姿态去适应社会、改造社会。把发挥小学生主体作用的重点放在激发和培养学生参加道德实践的需要，在道德实践中自觉接受教育，主动进行道德学习，用心进行道德体验，珍惜自身和他人的体验成果，自觉开展道德内化。

小学生的思想意识处于逐步形成过程中，他们的学习行为主要起源于自我内在的学习需要和探究热情，因而，小学生的学习只能引导不能强制。为此，小学生思想道德教育中国学教育方法的确立应切实做到以激发小学生的自我学习需要为主，强调小学生的主动积极学习。主体学习理论是小学生思想道德教育中国学教育方法确立的重要理论前提。

（二）小学生思想道德教育中国学教育的常见方法

以小学生思想道德教育中国学教育方法确立的理论前提为遵循，适应于当前小学生思想道德教育中的国学教育实践，小学生思想道德教育中国学教育的常见方法有四种。

1. 熏陶感染法

熏陶感染法是指受教育者在一定的环境和事件中受到无意识的启示、感染和教育，从而潜移默化地向教育目标转化的教育方法。按内容和形式划分，熏陶感染法一般分为情感熏陶感染法、行为熏陶感染法、环境熏陶感染法。小学生思想品德教育的过程实际就是社会政治观念、道德规范内化为个体道德品质并体现出稳定倾向性的过程，熏陶感染法的运用使这个内化过程变得自然和谐，使个体品质倾向性变得更加稳定，这三种方法虽然各自侧重点不同，但统一起来正好符合青少年品德的形成过程，它把教育目标融入环境，符合青少年的认知特点，常常能够收到“润物细无声”、“春风化雨”的功效。

通过开展传统文化活动，使小学生耳濡目染、浸润并受益于中国独有的文化情怀，对于培养小学生的民族意识和价值观，引导小学生认识本民族特质、精神力量的构成以及固定的文化形式都是十分必要和有益的。刘梦溪先生说："就个人的修养而言，阅读经典文本，是使阅读者经历一种文化濡化的过程，它可以改变人的气质。受传统文化资源熏陶得比较多的人和受熏陶比较少的人，其气质风度是截然不同的。朱熹就说过，读书的目的之一就是让人变化气质。读古人书，与古贤为伍，是一个人精神境界高尚的表现，可以提示人们不要堕入俗流。有时我们称赞一个人的文章写得好，会惊叹地说是古人的文章，这是极高的奖赏。古人、古贤、古书都是传统文化积淀的代称，接触多了，势必使一个人的气质发生潜移默化的变化。很多人都发生气质的变化，一个时代的社会风气就会随之发生变化。所以阅读本民族的文化经典，在个人，可以变化气质，对社会而言，可以转移风气。"①

2. 学思结合法

学思结合法即在教育教学过程中帮助引导小学生把国学知识识记与国学知识体悟结合起来的方法。即小学生思想道德教育中的国学教育，不仅要开展小学生国学内容的经典诵读，还应该注意使小学生学会体验、感悟、分享这些国学内容，把这些国学内容验证于现实生活中，积极思考国学内容的意义、价值和存在合理性。

小学生思想道德教育中的国学教育运用学思结合法，应以学为主以思为辅，以经典诵读识记为主以现实体悟为辅，学思兼举而不能偏废其一，以小学生的国学学习主导其国学思考，以小学生的国学思考来深化其国学学习。孔子重视"学"和"思"的作用，"学而不思则罔，思而不学则殆"，学思结合，是把感性认识上升到理性认识的辩证统一过程。其中"疑思问"在教学中更具有极为重要的意义，学生只要认真地独立思考，必然生疑，疑则生问，问则求解，通过不同的形式解问答疑，学生不仅增长了知识，而且还养成了独

① 刘梦溪．今天为什么还要阅读经典．《中华读书报》，2003-11-26.

立发现问题、分析问题、解决问题的习惯。

学思结合，重在于思。读书如饮食，吃得又要消得，这“消得”，便是思，可见思的重要性。思是学的深化，但并非一思就通。“书义有思之而即得者，有思之竟日而后得者，有明日又思之而后得者，有力量未到，累日思之而不可通，俟停搁三月五月之后，识见精进或重思之，或他书触发，而恍然得者。”其实，这就是思的规律。有思才有悟，因为“悟处皆出于思，不思无由得悟；……悟者，思而得通也。”由此可知，悟道需要知识的储备，需要思而后得悟，如同计算机，只有大量储备，用时才能提取，而且各种知识之间能相互启发。国学教育是以文字、艺术等作为载体来传达思想的，对于这些载体所传递的思想内涵只有在“学”与“思”的过程中，才能逐步为学生所内化，进而形成正确的人生信念和价值取向。因此，“学”与“思”的结合是对小学生进行思想道德教育中的国学教育非常重要的一种方法。

学思结合法的主要方式有三方面。

第一，课内学习迁移。学校开展国学教育的主要形式是开设国学课，每一堂国学课除了学习一定的国学知识以外，更重要的是引导学生了解这些知识背后包含的深刻的思想内涵。这些思想内涵一方面比较深沉难懂，另一方面离学生较远，对于年龄尚小的学生来说，往往是比较枯燥乏味的，空讲收效肯定甚微。因此，在国学课上，要善于根据课堂内容进行适当的迁移，将国学课所蕴涵的道理与现实生活中的事例相结合，让学生运用了解的道理和思想来讨论现实中的问题，这样“学”与“思”自然而然地融合在一起，既加深了学生的理解，更教会了学生认识世界，认识自我，学会做人。

第二，典型事例反思。学生每天有很大一部分时间在学校，学生与学生之间、学生与老师之间、学生与学校之间总是在发生着各种各样的事情，而很多事情都是对学生进行思想道德教育的很好范例。因此，学校教师应当善于收集学生身边发生的大大小小的事情，及时把这些事情摆到学生的面前，采用大讨论、辩论会等多种形式引发他们的反思，这样用他们身边实实在在的事情与经典智慧相互对照，习用结合，收效好很多。

第三，重大事件解读。让学生通过古今对照，明白传统与现实的关联，让学生用历史的眼光看问题，是极为宝贵的教育。在现实社会背景下，对学生进行思想道德建设，必须依托现实，同时又要把握方向。这就要求老师必须是一个关心时事政治、关心国家大事的有心人。老师及时准确地了解社会的最新动向，把一些重大事件作为载体，用他们的眼光审视这些事情，并以他们的口吻进行解读，引导他们从这些问题中认识道理，获得启迪。在重庆市江北区国学教材中，汶川大地震中的事件就成为学生德性培育的素材。

3. 自省慎独法

小学生思想道德教育中国学教育的自省慎独法，即帮助引导小学生对所学习的国学知识进行反思，把国学知识的要求与自我行为进行比较，从而改进个人思想行为，使之与所学习的国学知识更加一致的方法。

自省慎独是中国传统的重要修身方法，小学生思想道德教育中的国学教育运用此方法，是对我国源远流长的传统文化的承继。在《论语》中，有“吾日三省吾身”之说，意思是每天都要反复反省检查自己的言行，以便发现有违背常礼和伦理道德要求之处，及时纠正。儒家进一步从“为己之学”的观点出发，规定了道德人格所应达到的理想境界——慎独。这里，“为己”不是指为自己牟私利，而是指道德修养不是做给别人看的而是自我在道德上的充实与完善。慎独是指在独处无人注意时，自己的行为也要谨慎不苟，防止出现违背道德的念头和不符合道德要求的行为。慎独是对人的道德修养提出的更高要求，同时，做起来也更难。慎乎其独是中华民族道德实践历史进程中一个古老的特有的修养方法。《礼记·中庸》记："君子戒慎乎其所不睹，恐惧乎其所不闻，莫见乎隐，莫显乎微，故君子慎其独也。"所以，越是独自一人，没有任何监督，就越要小心谨慎。宋代大儒程颢也说："君子所不可及者，其惟人之所不见乎，君子慎独。"而慎独之道，在乎自律，慎乎其独具有很重要的道德实践意义，这正如曾国藩所说："故能慎独，则内省不疚，可以对天地质鬼神，断无行有不谦于心则馁之时，人无一内愧之事，则天君泰然，此心常快足宽平是人生第一自强之道，第一奇乐之方，守身之先务也。"今日，我所谓慎独，只求平时注重自我磨炼，注意自我约束。从严格意义上来说，一个人一生行为的得与失、功与过、善与恶、好与坏全在乎自己，而不在于他人。《吕氏春秋·必己》中说："君子之自行也，敬人而不必见敬，爱人而不必见爱，敬爱人者，人也。君子必在己者，不必在人者也。"这就是说，在自己的实践过程中，尊敬他人而不必要求他人的尊敬，亲爱他人而不必要求他人的亲爱。尊敬、亲爱他人，是自己的修养问题，被他人尊敬、亲爱，是他人的行为，关键在于要求自己的行为，而不必事先依赖于他人的行为怎样，这就是慎独的意义。任何受教育者思想的转变，价值观的形成，除了环境的熏陶感染这些外部环境的作用外，更重要的是受教育者自身具有主动学习和接受的积极性，对自己的行为进行主动的反思和认识。只有能够主动反省的学生才能实现真正意义上的正确价值观的确立。所以，自省慎独法是小学生思想道德教育中国学教育的有效方法。

小学生思想道德教育中的国学教育运用自省慎独法，主要有以下方式。

第一，自我反省。即小学生在教师或家长帮助下通过自身言行检查或反思而不断修整或涵养自身的过程。小学生自主地审视自己，主要是以已经确立的价值目标、已有的道德认识来调动情感，对以往的言行的得失进行自我审视、检查和反思。通过这种自我反省活动，使小学生察觉到自身的长处和不足，从而扬长避短，不断改进和完善。

第二，警言自律。即以相关警句、格言来加以自我约束的修养方式。在实际的修养中，警言自律不仅体现为以名言警告自己，约束自身言行，还常常体现为以名言警句来鞭策激励自己，鼓励自己，此即人们所讲的“择名言以铭志，择善言以自勉”。具体的做法是在教师和家长的帮助下有针对性地为小学生确定座右铭。选择名言置于“座右”，它便于天天眼见，时时提醒自己，使小学生时时不忘所确立的志向或教训等，进而不懈努力。内心铭记也是警言自律的方式之一，对警言的内心铭记，意味小学生对其念念不忘，已深深镶嵌于自己的意识和情感之中，成为小学生的心理或思想活动难以忘却的内容，成为影响小学生道德言行和选择的内在依据或标准。被铭记在心的格言警句，往往会在小学生自我意识或情感的作用下而入心入脑，内化为小学生的个人操守。

第三，记日记。日有所记，不仅是以文字的方式留住所见所闻，所思所想，见证小学生在岁月历程中的人生经验教训和发展变化景象，更重要的是，这一过程会使小学生获得许多的人生感悟和对人生意义、生命价值的体认，是小学生加强自我修养的重要方式。指导小学生日记，应重在他们对生活世事的体验和思考，使他们的心灵与世间万物万事展开交流对话，而不应停留在“每天的流水账”上，日记虽是小学生修养的重要方式，但在指导小学生修养时，不应强求一律，应予恰当引导，同时也要避免所谓“日必一记”的要求，以免加重小学生的负担。记日记还有帮助引导小学生进行个人行为总结的作用，每个人对自己的认识必须全面才能做到真正地认识自己。小学生仅仅是在内心暗示自己应该怎么做，或者总是反思自己的过失，都会造成他们对自己认识的偏颇，这对于他们树立正确的思想道德是不利的。小学生既要会反思自我，也应该会欣赏自我。只有这样，小学生才能从一次一次的自我欣赏中得到满足和兴奋点，才能为正确道德观的形成起到积极的作用。因此，教师应该帮助小学生在自己做了正确的事情，或者比较有意义的事情后，引导他们分析自己的优势和成功之处，让小学生认识自己获得成功和别人肯定的原因，进而帮助小学生形成良好的思想道德品质。

第四，自我心理暗示。有很多事例证明，心理暗示可以转化为一个人控制自己言行的巨大动力。正确运用心理暗示，可以在小学生思想道德教育中起到积极的促进作用。老师可以适当地引导小学生学会利用心理暗示的方式来适当控制自己的思想和行为。通过引导小学生用中华传统美德来随时暗示自己，就能帮助小学生的良好思想品德在一次次的自我提醒和自我告诫中逐步建立起来。

4. 躬行践履法

小学生思想道德教育中国学教育的躬行践履法，即在开展国学教育的过程中，不能仅仅停留于小学生对国学理论知识的掌握，还应该推动小学生把对所习获的国学理论知识转化为自身行为实践，在实践中体现国学思想观念的方法。

躬行践履，意即亲自实行、亲自去做，体现了重视实践、深入实践的精神。道德修养与社会实践密切相连，小学生只有在日常生活中，即在与别人、与集体发生的各种关系中，才会清楚地认识到自己的行为哪些是道德的，哪些是不道德的。同样，克服不道德的思想和行为，也只有在社会实践中才能实现。因此，“躬行践履”无疑是小学生完善道德修养的重要方法。《论语》中倡导的道德修养理论与方法有：自省、克己、慎独、忠恕、中庸和力行。力行，就是躬行践履。躬行践履不仅是道德修养的方式，更是道德实践的目标。

“修身”在实践层面上，分为“内修”与“外修”。[①] 内修，就是孟子所说的“从其心者知其性也，知其性则知天矣”。修身的功夫主要是“反观内心，穷究人性”，“尽心知性，尽心知天”，这与佛家的“明心见性，见性成佛”一样。若“修身”的目的只满足于自我的“内修”，则是消极的。儒家坚持“内修”与“外修”的统一，如《大学》所云，从格物、致知、诚意、正心、修身，到齐家、治国、平天下。其中格、致、诚正是“内修”或“内化”的过程，齐、治、平则是“外修”或“外化”的过程。伴随这种内修与外修的不断循环反复，层次不断提升，就达至“内圣外王”的高度与“止于至善”之境界，社会责任感和使命感得以强化。这正是道德教化与道德修养所追求的目标。

在中国古代“修养论”中，蕴涵着历代思想家对“修身”、“成人”过程规律性的思考。如《大学》之中的“八目”——“格物、致知、诚意、正心、修身、齐家、治国、平天下”。格物，就是接触万事万物、投身实践；致知，是学习、理解和掌握反映万事万物之理的知识；诚意，是把知识转化为意识与信念；正心，是随时随地调整自己的心态；修身，就是自我完善或全面完善自我；齐家，是家庭和睦与兴旺；治国，是为民、为国作贡献；平天下，是建设一个祥和、昌盛的社会与太平的天下。在格、致、诚、正、修、齐、治、平这“八目”的全过程中，前“四目”（格、致、诚、正）是“内修”，是内修于己以达到自我完善“内圣”的过程；后“三目”（治、齐、平）是“外修”，是外施于人、于家、于国、于社会，以达到实现自我价值“外王”的过程。这就是一些学者概括的“内圣与外王”的成熟过程。“内圣与外王”的成熟过程就是君子的理想形象的完成。

---

① 赵骏河．东方伦理道德．长春：吉林人民出版社，2004：58.

小学生思想道德教育中的国学教育运用躬行践履法，一般有以下阶段。

第一步，“知道”。这是小学生接触新事物的第一步，谓之“知然”。第二步，“悟道”。由感性上升到理性，谓之“知所以然”。第三步，“做道”。做是一个实践与体验的过程。此过程是“行动”的过程，谓之“行然”。第四步，“教道”。把前三个步骤习得的经验、感受及成果扩大传播的工作，让小学生有机会透过“教学相长”的过程来进一步提升自己。这是一个“认知”与“行动”高度整合的过程，谓之“授然”。第五步，“得道”。在经历上面四个步骤的锤炼之后，终于可进入“智能的殿堂”，谓之“道然”。以上五阶段，前两步是“知”，第三步是“行”，第四步是“合”，最后一步则是“一”，这是小学生的最高层次的智能。

小学生思想道德教育中的国学教育，要特别强调引导小学生知行合一，做到这一点，需要注意三方面。第一，贴近小学生生活。道德的本质是实践的，也是生活的。脱离了小学生生活的国学教育只能是无源之水，无本之木。因此，国学教育必须贴近小学生的现实生活，从生活中寻找国学教育的素材和契机。第二，接近小学生个体。国学教育在本质上是涵养化育个体的德性。国学教育只有成为个体的自我需要，成为个体社会生存和幸福生活的需要，为个体的生存与发展提供必需的价值支撑，才可能是有效的。因此，国学教育必须和小学生的个体经验相接近，融入小学生的个体生命成长中去，成为小学生成长的重要呵护。第三，亲近小学生心灵。道德文化建设在本质上是精神的和心灵的活动。国学教育只有触动心灵，引发感动，引领精神成长，才是真正有魅力的教育。在此基础之上，达到躬行践履、知行合一之目的。

第五章　小学生思想道德教育中国学教育的评价

小学生思想道德教育中国学教育的效果评价，涉及学校变化效果评价、教师发展评价以及学生发展评价。由于评价整体偏重于国学教育促进思想道德教育的价值判断，而思想道德教育内涵和外延的丰富性和过程的长期性、多维性，使得判断变量因素庞繁，过程复杂，难度较大；又由于在评价过程中，有评价主体主观因素参与，判断结果往往因评价主体的价值观不同而有差异，它会直接影响着国学教育实践的发展。

一、小学生思想道德教育中国学教育评价的重要功能

所谓国学教育评价，是指通过系统地采集和分析信息，对国学教育活动满足预期需要程度做出判断，以期达到使国学教育价值增值的过程。所谓教育评价的功能，是指教育评价活动本身所具有的能引起评价对象变化的作用和能力。它通过教育评价活动与结果，作用于评价对象而体现出来。其功能的内容取决于评价活动的结构及运行机制。因此，作为教育管理本身一个不可缺少的一部分的教育评价在教育管理的过程中起着十分重要的作用。小学生思想道德教育中的国学教育评价功能，即小学生思想道德教育中的国学教育评价结果对调节、改进和完善小学生思想道德教育中的国学教育，提升小学生思想道德教育中的国学教育水平，促进小学生思想道德

教育中的国学教育发展所具有的积极意义。

（一）鉴定诊断功能

小学生思想道德教育中国学教育评价的鉴定诊断功能，即评价结果对于认识小学生思想道德教育中国学教育活动性质、目标实现、效果状况的积极意义。它体现了对教育活动的认定、判断评价对象合格与否、优劣程度、水平高低等实际价值的功效和能力，它与国学教育评价活动同时出现并始终伴随着教育评价而存在。

鉴定诊断功能是教育评价的基本功能。“鉴定”首先是“鉴”，即仔细审查评价的对象，然后才是“定”结论。科学的鉴定应该在事实判断之后才作价值判断。教育评价的鉴定诊断，能为领导决策提供参考依据，在教育发展中发挥积极的促进作用。教育评价的过程是评价者利用观察、问卷、测验等手段，搜集被评价者的有关资料并进行严格的分析，根据评价标准做出价值判断，分析出或者诊断出教育活动中哪些部分或环节做得好，应加以保持和提高，指出哪些地方存在着问题，找出原因，再针对这些原因提供改进途径和措施的过程。教育评价过程与看病就医一样，只有经过科学的诊断才能“对症下药”。教育评价的这一功能使其在提高国学教育质量上具有特殊重要的作用。

充分发挥小学生思想道德教育中国学教育的鉴定诊断功能，就是要把小学生思想道德教育中国学教育的现实结果与预期目标进行比较，从中寻找差距，真正明确小学生思想道德教育中国学教育的现实结果与预期目标之间的一致程度，一致程度越高，表明小学生思想道德教育中国学教育效果越好，一致程度越低，表明小学生思想道德教育中国学教育效果越差，以此对小学生思想道德教育中国学教育活动做出认识和判定。

（二）导向激励功能

小学生思想道德教育中国学教育评价的导向激励功能，即评价结果对于明晰小学生思想道德教育中的国学教育方向、推进小学生思想道德教育中的国学教育发展所具有的积极意义。

小学生思想道德教育中国学教育评价的导向激励功能是指国学教育评价本身所具有的引导评价对象朝着理想目标前进的功效和能力，这是由国学教育评价标准的方向性决定的。因为在国学教育评价中，对任何被评对象所作的价值判断，都是根据一定的评价目标、评价标准进行的。这些评价的目标、标准、指标及其权重，对被评价对象来说，起着“指挥棒”的作用，为他们的努力指定方向。被评价对象必须按目标努力才能达到合格的标准，否则就达不到合格标准，得不到好的评价。其中的评价目标是由目标制定者根据社会需要而制定的，是评判者对被评价对象应达到的社会价值的反映，也是社会需要的体现。所以，评价的导向功能是一种社会导向作用。通过评价的导向功能，引导某项教育活动朝正确方向发展。此外，合理有效地运用教育评价，激发和维持评价对象的内在动力，调动被评价者的内部潜力，提高其工作的积极性和创造性，从而达到教育管理的目的。评价的激励功能是分等鉴定的必然结果，它包括对后进单位与个人的督促功能。这是因为在被评价对象比较多的情况下，这种不同的等级会使个人与个人、单位与单位之间进行不自觉的比较。这对被评价对象来说，是一个积极的刺激和有力的推动。在一般情况下，被评价对象无论是个人还是单位，都有获得较高评价和实现自身价值的愿望，这是人类普遍存在的一种心理趋向。恰如其分的评价结果能给人以心理上的满足感，从而激励人们不断进取。

充分发挥小学生思想道德教育中国学教育评价的导向激励功能，

应注意评价指标的制定不能过高或过低，评价指标过高，可能导致小学生和教育者的积极性受挫，从而失去上进信心；评价指标过低，可能导致所确定的目标轻易实现，不利于调动小学生和教育者的主动性和创造性。小学生思想道德教育中的国学教育评价指标应定在大多数小学生经过努力能够达到的程度，并将条件评价、过程评价和形成性评价有机结合起来。

（三）监督管理功能

小学生思想道德教育中国学教育评价的监督管理功能，即依托于评价活动而具有的对小学生思想道德教育中国学教育开展的约束、规范和促进效用。

小学生思想道德教育中国学教育评价的监督管理功能是指教育评价有对被评价对象起检查、督促的功效和能力，表现在国学教育评价将被评价对象与评价目标相比较，以确定其是否达到目标，以及达到目标的程度，教育评价总是找出被评价对象与目标的差距，使其明确以后努力的方向和途径，督促被评价对象朝着评价目标前进。此种评价具有使管理活动及评价对象的行为得到调节、控制、规范并使其趋向于教育目标实现的功效和能力。它是通过发布通知、行政命令或颁布法律、法规等进行导向、激励、监督、检查、鉴定，从而实现调节、控制、规范功能，以此保证教育目标的实现。该功能的发挥是建立在一系列严密操作程序的基础之上的，优越于一般的经验性、行政性管理功能。

充分发挥小学生思想道德教育中国学教育评价的监督管理功能，应切实明确此种监督管理功能的性质及现实应用。小学生思想道德教育中的国学教育评价监督管理，目的在于更好地实现教育管理功能。监督功能为管理功能的实现提供前提；小学生思想道德教育中国学教育评价的管理功能，只能依托于监督功能才能实现，并把监督功能引向深入。总之，在实施小学生思想道德教育中的国学教育评价时，各种功能总是综合地起作用的，不能把它们截然分开。小学生思想道德教育中国学教育评价的各种功能都具有两面性，只有扬长避短，进行积极的评价，才会产生良好的作用。

二、小学生思想道德教育中国学教育评价的主要内容

小学生思想道德教育中国学教育评价的主要内容，包括学生发展评价、教师发展评价与学校管理与变革评价三个方面。学生发展包括学生对经典文化的了解与认识，学生经典学习习惯的养成，学生思维与审美发展，学生积累的数量与运用的能力等。教师的发展包括教师课程意识的发展、课程能力的发展以及文化涵养的加深等。学校管理与变革包括课程体系的构成、诵读路径与方法的确立、课程实施的组织与管理等。

（一）学生思想道德发展评价

小学生思想道德发展评价作为小学生思想道德教育中的有机组成部分，是指以促进小学生思想道德建设为目标，根据小学生思想道德建设要求和教育实际，运用有效的评价技术和手段对国学教育效果进行分析、比较，并给予价值判断的过程。其评价的内容有五方面。

第一，国学教育对小学生生活习惯养成作用的评价。国学经典教育以学生心灵净化、德育培养为根本，让学生能知礼仪、知荣明耻，积累人文知识、历史知识、语言知识，为学生一生奠基为目标。国学教育对学生的生活习惯养成起着促进作用。现在的小学生大多是独生子女，家庭条件都比较好，家长对孩子也有些溺爱，因此很多孩子都养成了挑食的毛病。只要是他们不喜欢吃的就不吃，而喜欢吃的就毫无节制地吃。每天吃午餐时就是老师最头疼的时候，小

学生们排队打饭一会儿这个不要茄子，一会儿那个不吃冬瓜……看着他们这挑食的毛病真有些着急。自从学习了《弟子规》中“对饮食，勿拣择。食适可，勿过则”以后，小学生们挑食的现象减少了，吃饭的时候就算是自己不喜欢吃的菜也要求老师添一点，自己尝试着吃。这就是国学教育促进了小学生良好的生活习惯的养成。

第二，国学教育对小学生学习习惯形成作用的评价。我国著名教育家叶圣陶先生说，什么是教育？简单一句话，就是要养成习惯。这句话说出了学校教育的根本。养成良好的学习习惯一直受到教育者的重视。这不仅因为能提高学生的学习成绩，更重要的是有助于提高学生学习兴趣，帮助其培养学习能力，为今后的自主学习打下良好的基础。通过问卷、访谈等多种形式，强化国学教育对小学生习惯养成的作用是评价的重要导向。

学校在评价的指向确立之后，对典型案例的自觉挖掘，可以在师生和家长群体中形成巨大的鼓舞和激励作用。

第三，国学教育对小学生热爱祖国语言文字情感的影响评价。培养学生对中华民族语言的热爱，培养学生对汉语的纯正感觉，理当成为国学教育促进学生发展的重要评价指标。因为这是民族认同感与自豪感的来源。传统经典是我国文化的瑰宝，这里面包含着前人的智慧与情操。在精练的语句中无处不能体现出传统文化的音律美、形态美、意境美。国学教育增强了小学生对祖国语言文字热爱的情感。

第四，国学教育对小学生爱国情怀养成作用的评价。经典诵读最重要的还是应该注重于文化品格的培养和提升。因为品位要解决的是高低雅俗的问题，标明水平；品格要解决的是正邪曲直的问题，标明是非。经典作为传统文化的载体，确实模塑并记录了传统文化精神的品位与品格。张岱年先生指出《易经》“天行健，君子以自强不息”、“地势坤，君子以厚德载物”两语，足以概括中国文化的基本精神，非常精确。但还须进一步指出中国文化的特有品格。笔者认为，最能体现中国文化品格的一句话，是《易传》中的“知微知著，知柔知刚，万夫之望”一语。文天祥那种“人生自古谁无死，留取丹心照汗青”、“风檐展书读，古道照颜色”的精彩神魄，浩然正气，永远激励着后来人的奋起。文天祥还有一首诗《扬子江》也很能代表他坚忍不拔的意志和节操：“几日随风北海游，回从扬子大江头。臣心一片磁针石，不指南方不肯休。”读来令人荡气回肠，感奋不已。文天祥就义时，人们发现他所写的《衣带铭》：“孔曰成仁，孟曰取义，惟其义尽，所以仁至。读圣贤书，所学何事？而今而后，庶几无愧！”文天祥达到了文化品位和文化品格的高度统一，他是民族的脊梁，是学生永远的榜样。

第五，国学教育对小学生做事、处事标准及能力形成作用的评价。在当今社会，做事、处事能力已成为评价人们综合能力的一个重要指标。而在现行的教育背景下，对小学生做事、处事能力的培养是相当不够的。现在的小学生在学校与同学发生一丁点小摩擦，要么就告诉老师，让老师来帮他们处理；要么就大打出手各不相让，这与我国传统文化的要求背道而驰。所以，这应当成为考核学生的重要指标。

国学经典可以教会小学生们怎样做事、做人。如在学习了“恭则不侮，宽则得众，信则人任焉，敏则有功，惠则足以使人”之后，有的小学生懂得了“仁爱”管理班级的奥妙。小学生小小的心灵受到传统美德“仁爱”思想的洗涤，使他们会寻找自己的不足，学会处理事情。这就是国学教育的魅力所在，它用润物无声的方式给了小学生良好的做事、处事的标准。

（二）教师发展评价

国学教育在涵养教师德性，提高教师的文化素养和育人的水准，增强课程意识，发展课程实施能力等方面，都有不可低估的作用。所以，教师发展理当纳入评价范畴。

1. 国学教育发展了教师的课程意识

基础教育课程改革的重要价值之一就在于发展教师的课程意识，教师除了考虑如何有效的教学，更要考虑带给学生什么样的教育经验，包括什么样的知识最有价值，什么样的主题最值得探索等。而这又需要进一步追问我们究竟要培养什么样的人，受过教育的人该是怎样的，教育承担着怎样的职责和使命。从另一方面看，教师自身就是一种重要的课程资源。与课本、学具、标本、挂图、音响和网络这些“冷冰冰”的课程载体相比，教师作为性情中人，最易于和学生进行沟通和交流，使课堂、教学产生情境性和感召力，从而激发起学生学习的热情和信心。教师能够创造有活力的、富有情感的学习氛围，这也是现代化的教学媒体不能取代教师的重要原因，因而教师的成长也就具有了特别重要的意义。

正因为如此，国学教育发展教师课程意识的价值不容小视。在开发国学教材、实施国学课程的过程中，教师课程意识的发展体现在三方面。

第一，增强了教师的课程主体意识。教师的课程主体意识包含两方面内容。其一，教师要有自身是课程实施主体的意识。这就要求教师转变以往是课程消费者、课程忠实的执行者等观念，在课程实施过程中时刻用自己独特的眼光审视预设课程，创造性地构建合理的课程；另外，教师还要充分发挥主观能动性，广泛吸收与课程相关的信息，在课程开发、课程设计等活动中发挥主体作用。其二，教师要有学生是课程主体的意识。学生的现实生活与未来生活是课程设计的依据，不仅如此，学生是能动的个体，他们不会完全依据课程设计者预设的发展路径来成长，也不会完全接受课程设计者预设的课程内容，学生只是根据自己的生活经验和已有的知识来理解课程所提供的客体文本，构建自己对课程的理解。这就要求教师在课程实施过程中时刻把学生放在首位，一切从学生实际出发，从学生需要出发，以促进学生的发展为根本目标。

在开发国学经典教材的过程中，教师需要对内容的选择标准、编排顺序、呈现形式、学生的年龄特征与年段特征，有效的教学模式、各种国学教育环境的营造与资源整合等各个方面进行深入研讨。整个过程中，教师始终是课程的建设者、开发者、能动的执行者。

第二，增强了教师的课程生成意识。教师的课程生成意识也包含两方面内容。其一，对预设课程的批判与创造意识。预设课程是以对学生和社会普遍性研究和一般特征的把握为基础的，其规范尺度只是一般意义上的要求，它不可能规定具体情景下的课程实施。因此，教师在课程实施过程中要对课程目标具体化，对课程内容要进行选择、拓展、补充、增删，对学习方式要进行创造性设计，甚至要对预设课程中不合理的方面进行批判，并在此基础上构建合理的课程。其二，课程是动态生成的意识。课程本身不是静止的、完全预设和不可变更的，而是开放的、动态生成的。课程的内容和意义不完全是既定的，它应该在具体的教育情境中由师生共同构建。课程的发展价值只有师生在课程实施过程中，通过主体性的有效发挥，并与独特的自然、社会、文化环境的交互作用中才能实现。

国学教育由于是以校本课程的形式开展，因此在课程建设、管理与实施方面具有更大的空间和更多的难度。随着国学教育的不断推进，教师对经典的认识不断提升，对经典对不同年龄段学生的适切性有了更多的理解，对经典实施的课时安排与系统设计方面有更多反思，对国学教育效果评价的内容、方式、指标体系的确立有了自觉的反思与追问。

第三，增强了教师的课程资源意识。教师的课程资源意识集中体现在三个方面。其一，教师要生成创造性地利用国学教材的意识。

这就要求教师把教材看成是他们与学生进行对话的素材或范例，是有待进一步探讨、延伸和拓展的资源，即在课程实施中既依据教材又超越教材。其二，教师要生成开发和利用广泛的校内外国学课程资源的意识，还有积极发动和引导学生自主地去开发和利用有益的学习资源的意识。其三，由于国学教育本身是母语教育，是涵盖五千年历史文化的教育，具有无限的时空开放性。一切有助于学生成长的物质的、精神的材料和素材都应成为学生的学习领域，如图书资料、音像资料、风俗习惯、文史掌故、名胜古迹、自然风光等都可以作为学生学习国学的内容。

2. 国学教育发展了教师的课程实施能力

第一，改变教师的教学行为。教师在具备了教师教学行为发生转变所需的必要主观条件后，就可以更加有效地促使教师转变自身的教学行为。课程主体意识促使教师的教学行为向更具发展性和个体适应性的方向转变。一方面，教师会自觉进行课程设计，这种设计会在理解课程目标、预测教育情境、熟知学生学力水平、贴近学生的最近发展区和尊重学生的多元智能的基础上进行。这些准备工作的意义不仅在于使教师的教学行为更加科学、有效，同时进一步深化了教师的课程意识，提高了自身专业的能力，即更具发展性。另一方面，树立学生是课程主体的意识后，教师的教学行为不再局限于部分学生的部分方面，而是去关注每个学生的每一方面的发展。课程生成意识促使教师的教学行为向着更具创新性和反思性的方向转变。教师会为实现课程的价值而不断地调整课程目标使之具体化，不断地对预设的课程内容进行创造性的处理，在以学生“学”为中心的牵引下，与学生一起创造、生成课程，并会时刻关注课程目标的实现程度和学生的发展状态。更重要的是，教师会将反思作为一种经常性的教学行为，从而使教学活动进入一种理性、科学的调整状态。课程资源意识促使教师的教学行为向着更具民主性与对话性的方向转变。教学就其本质而言是交往的过程，是师生通过对话在交往与沟通活动中共同创造意义的过程。对学生而言，交往意味着心态的开放，主体性的凸现，个性的张扬，创造性的解放；对教师而言，交往意味着教师角色的转换，即由教学中的权威变成合作者，由传统的知识传授者转为学生发展的促进者。

第二，提升教师的人文素养和专业伦理。教师的人文素养由人文知识、人文精神和人文行为共同架构而成。一是教师要在自己的专业课学习之外，应广泛涉猎文史哲等人文知识，认真研读包括教育教学在内的经典名著，并批判地思考和创新，让自己在人类经典文化的引领下，探求世界、探求人生和探求教育工作的奥秘，体现人的理性。二是在人文知识的积淀下，教师逐渐将其中蕴涵的核心价值观、世界观、人生观等，内化为对个人生命价值的体认，对国家、民族的担当，对工作的敬业，对他人的尊重。体现在教学工作中，就是将人文精神贯穿于“传道、授业、解惑”的全过程中，以人为本，爱国、爱校、爱生，也爱自己和家人，与同事、与领导、与学生家长和谐相处，共同促进学生的全面发展和人格完善。三是在人文精神的感召下形成的教师人格品质、高尚理想情操、仁爱的师德、合作的精神等，最终化为教师的涵养、仪表、行为，体现在教师的生活世界中及所有的教育教学行为中。人文知识是教师人文素养的基础，在内化积淀人文知识的基础上所凝练、升华而成的人文精神，是教师人文素养的核心，为人文素养的外显和发挥作用提供着价值导向和支撑。孔子以自身的模范教育实践行为，昭示后世教师自身道德修养应达到“德高”、“身正”、“止于至善”的崇高境界。这一思想深深地影响了一代又一代的教师，也成了今天我国教师职业道德的核心要求。

（三）学校管理评价

教育管理评价是指：教育就是管理者通过组织协调国学教育队伍，充分发挥人力、财力、物力和信息的作用，利用教育内部各种有利条件，对高效率地实现国学教育管理目标的活动过程进行事实判断和价值判断。评价的内容主要有两方面。

1. 管理机制评价

小学生思想道德教育中国学教育的管理机制评价，即对小学生思想道德教育中国学教育的组织机构、工作队伍、规章制度、政策措施等做出判定，明确其在推进小学生思想道德教育中的国学教育目标实现的功能发挥状况。

学校组织机构是否健全、合理、有效，直接关系到学校的管理水平和教育教学工作质量。组织机构的运行离不开规章制度，健全、合理的规章制度，是实现学校管理工作规范化、实现管理目标的重要保证。国学教育管理机制评价的具体内容包括：学校是否从学生需要、教师发展、课程建设三个维度确立国学教育目标；学校如何确立校本课程开发的基本框架并具体实施，例如教材的基本内容与价值取向；学校如何确立国学教育的基本途径、方法与策略；学校如何建设国学教育环境，进行课程资源的开发与利用；学校如何实现国学教育目标序列化、内容序列化、方法序列化与评价序列化；国学教育保障机制的建立与健全。

开展小学生思想道德教育中国学教育的管理机制评价，首先，要明确小学生思想道德教育中国学教育各管理机制要素所应承担的教育任务，进而对其完成其承担的教育任务情况做出判定；其次，除了应完成自身所承担的教育任务外，还应充分发挥其对其他管理机制要素功能发挥的辅助作用。由此，小学生思想道德教育中国学教育的管理机制评价，既要对管理机制要素的教育任务完成情况做出评价，还应该对其配合其他管理机制要素发挥作用的情况做出判定，即对管理机制要素的协作情况做出判定。

2. 参与度评价

小学生思想道德教育中国学教育的参与度评价，即对小学生思想道德教育中国学教育所涉及的相关部门及人员对国学教育开展的贡献及融入情况做出判定，明确其在推进小学生思想道德教育中国学教育目标实现的功能发挥状况。小学生思想道德教育中国学教育不是一群人、个别人的事。师生全员、全程与全身心参与，是通过国学教育加强小学生思想道德建设，改进学校的文化，提升学校整体教育品质的重要办法。

开展小学生思想道德教育中国学教育的参与度评价，首先，需要对小学生思想道德教育中国学教育的有关部门及人员是否参与到教育活动中去做出判定，是否参与教育活动是进行参与度评价的首要而基础的内容；其次，需要对小学生思想道德教育中国学教育的有关部门及人员参与教育活动的深度、广度做出判定，由于各有关部门和人员对小学生思想道德教育中国学教育的积极性、主动性不同，因而其参与教育活动的深度、广度不同。对教育活动的参与程度成为小学生思想道德教育中国学教育参与度评价的重要内容。

三、小学生思想道德教育中国学教育评价的主要方法

评价是一种导向，是为了激励。但是，不是任何一种评价都能给予学生进步的力量，快乐的感悟。如果评价方式不当，评价只能简单地成为分出学生等级的筛子，成为让学生反感甚至束缚学生发展的枷锁，评价也就失去了它应有的作用。因此，评价一定要有科学的方法。

（一）定性评价与定量评价相结合

定性评价是对评价对象的基础性性质判定，从根本上揭示了评价对象的实践成效和理论属性，具有简单明了的特征，但无法细化和详尽；定量评价是采用数学的方法，收集和处理数据资料，对评价对象做出定量结果的价值判断。定量评价强调数量计算，以教育测量为基础，它具有客观化、标准化、精确化、量化、简便化等特征。

小学生思想道德教育中国学教育的定性评价，主要是对小学生思想道德教育中国学教育目标是否实现的一种性质判定，评价结果具有两维性，即评价结果要么是肯定的，要么是否定的，除此之外没有第三种结果。简言之，小学生思想道德教育中国学教育的定性评价，即对小学生思想道德教育中国学教育是否实现目标的判定，评价结果要么是已经实现预期目标，要么是没有实现预期目标，除此无他；小学生思想道德教育中国学教育的定量评价，主要是对小学生思想道德教育中国学教育效果与目标一致程度的评价，即小学生思想道德教育中国学教育效果在多大程度上契合于预期目标，与预期目标的契合度越高，定量评价成绩越好，反之亦然。

把小学生思想道德教育中国学教育的定性评价与定量评价结合起来，就是既要对小学生思想道德教育中国学教育结果进行性质判定，又要对其进行具体化描述，使评价结论不仅展现小学生思想道德教育中国学教育的目标实现，还能展现其实现程度，使评价更为系统全面。

（二）静态评价与动态评价相结合

小学生思想道德教育中国学教育的静态评价，即对小学生思想道德教育中国学教育的平面化评价，表现为只对小学生思想道德教育中国学教育的某一时段进行评价；小学生思想道德教育中国学教育的动态评价，即对小学生思想道德教育中国学教育的立体化评价，表现为对小学生思想道德教育中国学教育的全过程进行评价。小学生思想道德教育中国学教育的静态评价与动态评价各有优劣，在认识和判定小学生思想道德教育中国学教育方面各有优势，因而宜将二者结合起来，使得对小学生思想道德教育中国学教育的评价更为科学。

对小学生思想道德教育中国学教育的评价要运用动态评价与静态评价相结合的方法。首先，评价要尽量涉及学生发展的所有领域，包括社会的、情感的、认知的和实践的，并注重对学生个体发展独特性的认可，使评价不仅着眼于小学生的思想道德认知，还着眼于小学生的思想道德行为。其次，应由过去只重视学生记忆和认知结果转向重视学生道德发展的过程，评价内容由静态走向动态，评价时段应具有贯通性。

（三）纵向评价与横向评价相结合

小学生思想道德教育中国学教育的纵向评价，即着眼于小学生思想道德发展的全程性评价；小学生思想道德教育中国学教育的横向评价，即着眼于小学生思想道德水平的同辈群体评价。纵向评价与横向评价分别着眼于小学生思想道德发展的不同方面，前者侧重于小学生思想道德发展历程，后者侧重于小学生思想道德发展水平。只有将二者结合起来，才能对小学生思想道德教育中的国学教育做出系统性认识和判定。

对小学生思想道德教育中国学教育的评价要运用横向评价和纵向评价相结合的方法。如果把每一个学生的发展看做一条曲线，以纵向个人发展和横向同等年龄的平均水平来构建坐标平面，其发展的轨迹会一目了然。纵向评价，可以从小学生国学启蒙开始，直至小学生国学教育结束，贯通小学生思想道德教育中的国学教育全程。纵向评价，可以建立小学生成长档案，进行小学生思想道德发展历程的资料收集和保存。若将其按时间顺序排列，就可以清楚地看出小学生在此阶段各个时期的发展：能记录小学生的成长历程，能提供相对“真实”的信息和证据，能提供丰富多样的评价材料，能开放地、多层面地、全面地评价学生，能针对每一位学生进行评价，评价具有针对性，能使学生体验成功、感受成长与进步。横向评价，主要着眼于小学生思想道德发展的同辈群体水平。一般说来，横向同等年龄的平均水平不好确定，老师们往往只可能利用班上的学习成绩来说明问题。其实，考试成绩只是衡量学生发展的一个重要方面，而学生的道德品质、能力水平、情感等则是不容易量化的。依照“经典诵读教育”的特性，评价之鼓励性质大于测试性质。通过横向评价有助于从整体上认识和理解小学生思想道德发展的阶段和水平。

把小学生思想道德教育中国学教育的纵向评价与横向评价结合起来，就是要利用各种评价的优势所在，为教育开展和教育目标实现提供依据。依托于横向评价，教师能认识小学生的整体思想道德发展阶段和水平，从而为教育内容选择和教育目标确定提供依据；依托于纵向评价，教师能把握每一个同学的思想道德发展进度，从而有针对性地开展教育，增强教育有效性。推进小学生思想道德教育中国学教育的纵向评价与横向评价相结合，就是要依托于横向评价来确定总体教育部署，依托于纵向评价来开展个别化教育，提升小学生思想道德教育中国学教育实效。

（四）他人评价和自我评价相结合

小学生思想道德教育中国学教育的他人评价，即由小学生之外的其余主体实施评价；小学生思想道德教育中国学教育的自我评价，即由小学生本人开展评价。一般而言，小学生思想道德教育中国学教育的他人评价较为普遍，而自我评价则易于被忽略。只有将两者结合起来，才能更为全面地认识判定小学生思想道德教育中国学教育实效。

小学生思想道德教育中国学教育评价要运用他人评价与自我评价相结合的方法。在他评和自评的过程中，有助于小学生做出比较进行反思，更好地了解自己的能力与特质，并将学习“国学”课程的方法互相分享，从而改进自己的学习与思考方式。每一个人都参与到评价中，每一个人都关注小学生的成长。在充满爱意的激励性评语中，让小学生们体会成功与收获，并自觉进行反思与诊断。正是这种“多元的主体评价”方式所带来的信任与期望，使每一个小学生都感到“我能行”。

推进小学生思想道德教育中国学教育的他人评价与自我评价相结合，应善于运用他人评价与自我评价，引导小学生认识这种评价差距，通过这种评价差距使小学生理解思想道德的社会性，理解个人思想道德的判定最终只能是社会评价，因而主动调节个人思想言行，增强他们学习和实践国学的主动性。

（五）形成性评价和终结性评价相结合

小学生思想道德教育中国学教育的形成性评价是教师为促进自身教育能力发展和教育水平提升，适时收集教育反馈信息，以用于教育调整和改进的综合性评价，评价的目的在于为改进和完善教育教学提供依据。小学生思想道德教育中国学教育的终结性评价，是指在一定时段内对教师教育质量与学生学习质量的结论性评价，评价的目的在于对小学生的国学学习成效做出评定。终结性评价是反映教育成效的重要表征，也是检测学生思想道德发展水平的重要途径。小学生思想道德教育中国学教育的形成性评价侧重于教师对评价结果的适时应用，终结性评价侧重于小学生的思想道德发展水平，二者在目标、形式、内容等方面各有任务。

推进小学生思想道德教育中国学教育评价的形成性评价与终结性评价相结合，就是要改变绝对使用和依赖于终结性评价的状态，进一步开发和利用形成性评价，以促进小学生思想道德教育中的国学教育发展。小学生国学教育评价作为一个过程而言，在处理形成性评价和终结性评价的关系时，更应注重形成性评价。形成性评价与终结性评价的根本区别在于不是为了证明，而是为了改进。教师要根据形成性评价结果制订出改进小学生国学教育的可行性方案和计划，及时调整教育内容和手段。小学生思想道德教育中国学教育的形成性评价方法多种多样，一般而言主要采用非测试型评价。非测试型评价有观察、问卷调查、访谈、评价表和学生成长记录袋等。在进行形成性评价时要重视评价对象（即小学生）在评价过程中的主体地位，使评价成为管理者、教师、学生、家长共同参与的、积极的交互过程。

将小学生思想道德教育中国学教育的终结性评价与形成性评价有机地结合起来，要强化评价的改进和激励的功能，弱化甄别、选拔与评优的功能。不仅要关注小学生国学经典知识的积累，而且要发现和发展学生多方面的潜能；不仅要注重教育结果，更要注重小学生的成长和发展的过程，针对小学生的特点，采用灵活多样、简便易行的评价方式，及时收集教育反馈信息，不断调整、改进和完善教师的教育教学，推动小学生思想道德教育中的国学教育不断迈上新的台阶。

结　　论

中国国学源远流长，蕴涵着丰富的教育内容，具有深远的教育影响，它对于传承中华民族文化基因，树立民族共同理想，强化民族认同感，具有重要意义。新时期加强国学教育，不仅是基础教育的重要使命，也是我国文化发展的重要战略。

国学是一个国家存在的标志，发展的根基。国学是对中国人特质、智慧、经验与态度的表达。五四新文化运动时期，学术界围绕传统与现代、新学与旧学、中学与西学、民族与国际等诸多问题进行了系列论争，开启了中国近代文化发展的源流。然而，这一时期基于特殊时代背景下对我国文化现代化的过于迫切的渴望，使得文化发展具有显著的去传统化特征，国学被边缘化，弘扬西学的力量明显强势，国学研究有所削弱。当然，五千年的中华文化积淀无法简单地进行人为割裂，20 世纪 20 年代以来，国学依然对全体社会成员发挥着根深蒂固的影响，国学研究也得以断断续续地进行。时至今日，当今社会成员的思想观念、生活方式、文化诉求等方面，都深受我国传统文化影响，打上明显的文化传统的烙印。

国学教育在全球化日趋深化的当今具有更为特殊的意义。比较而言，当代日趋精细的各种专门学科知识，可以在不同国度同时发展，具有一定的共通性和普遍性，而国学却是中华文明民族传统的体现，立足于五千年中国文明，绝无仅有，成为中国文化的独有标志。通过加强国学教育，使一代代历经国学熏陶成长起来的中国青少年，能够继承并传播博大精深的国学，促进中西文化的交流与沟通，进而建立起中西文化对话平台，这有助于充实我国的学术资源，提高我国的学术地位，提升我国的文化影响。当前我国在海外大力创办孔子学院，同样旨在弘扬中国传统学术和文化，把源远流长的中华文明发扬光大。

国学教育是推动中华民族伟大复兴的一支重要力量。世界上没有一个民族是以否定、割断自身的历史文化传统为代价来寻求发展的。一个不尊重自身历史文化传统的民族，不可能赢得其他民族的尊重，亦不可能取得发展，把小学生培养成为具有民族意识，体现中国特色、中国风格、中国气派的社会主义建设者和接班人，是基础教育应有的使命和必须面临的重大问题。小学生的成长只有奠定在民族性的基石上，才可能进一步凸显其现代眼光与世界视野。也只有把小学生培养成为集世界视野、国家责任与公民素养于一身的合格人才，建设中国特色社会主义才有希望。小学生思想道德教育中的国学教育，应逐步纳入学校教育体系，切实培养一代代既具有强烈民族意识，又掌握现代科学文化的青少年。

小学生思想道德教育中的国学教育，应始终坚持辩证的方法，遵循古为今用的原则。社会的发展变化，使得国学的部分内容与当今时代发展需求不尽一致。对此，要始终做到实事求是，把国学的具体内容与国学核心精神价值区别对待。国学内容中既有精华，也有糟粕，对国学不加区别地全盘吸收，良莠不辨，盲目崇古，会偏离国学教育的正确轨道。小学生思想道德中的国学教育，要真正做到由今观古，借古论今，学以致用，把继承与创新结合起来。

必须承认，加强小学生思想道德教育中的国学教育，属于一个开创性的论题，本书研究的许多问题都还有待于进一步拓展和完善，包括如何在小学生思想道德教育中国学教育理论的研究与实践中有效坚持马克思主义立场、观点和方法，如何融小学生思想道德教育中的国学教育于社会主义核心价值体系建设；如何推进小学生思想道德教育中的国学教育与课程、教材建设相结合，如何进一步协调好小学生思想道德教育中国学教育的情感培养与行为养成之关系等。小学生思想道德教育中的国学教育这一重大问题，亟待各方积极参与，推进研究与实践的进一步深化。

主要参考文献

一、经典著作和重要文献

[1]马克思恩格斯选集[M].第1卷.北京:人民出版社,1995.
[2]马克思恩格斯选集[M].第2卷.北京:人民出版社,1995.
[3]马克思恩格斯选集[M].第4卷.北京:人民出版社,1995.
[4]马克思恩格斯全集[M].第2卷.北京:人民出版社,2005.
[5]马克思恩格斯全集[M].第21卷.北京:人民出版社,2003.
[6]马克思恩格斯全集[M].第30卷.北京:人民出版社,1995.
[7]马克思恩格斯全集[M].第42卷.北京:人民出版社,1979.
[8]列宁选集[M].第2卷.北京:人民出版社,1995.
[9]列宁选集[M].第3卷.北京:人民出版社,1995.
[10]列宁选集[M].第4卷.北京:人民出版社,1995.
[11]列宁全集[M].第29卷.北京:人民出版社,1990.
[12]毛泽东选集[M].第1卷.北京:人民出版社,1991.
[13]毛泽东选集[M].第3卷.北京:人民出版社,1991.
[14]毛泽东选集[M].第4卷.北京:人民出版社,1991.
[15]毛泽东文集[M].第7卷.北京:人民出版社,1999.
[16]毛泽东文集[M].第8卷.北京:人民出版社,1999.
[17]邓小平文选[M].第1卷.北京:人民出版社,1994.
[18]邓小平文选[M].第2卷.北京:人民出版社,1994.

[19]邓小平文选[M].第3卷.北京:人民出版社,1993.

[20]江泽民文选[M].第1卷.北京:人民出版社,2006.

[21]江泽民文选[M].第2卷.北京:人民出版社,2006.

[22]江泽民文选[M].第3卷.北京:人民出版社,2006.

[23]十六大以来重要文献选编(中)[M].北京:中央文献出版社,2006.

[24]十五大以来重要文献选编(下)[M].北京:人民出版社,2003.

[25]十四大以来重要文献选编(中)[M].北京:人民出版社,1997.

[26]中共中央关于构建社会主义和谐社会若干重大问题的决定[M].北京:人民出版社,2006.

[27]中共中央关于加强党的执政能力建设的决定[M].北京:人民出版社,2004.

[28]公民道德建设实施纲要[M].北京:学习出版社,2001.

[29]毛泽东邓小平江泽民论社会主义道德建设[M].北京:学习出版社,2001.

[30]毛泽东邓小平江泽民论思想政治工作[M].北京:学习出版社,2000.

[31]胡锦涛.高举中国特色社会主义伟大旗帜 为夺取全面建设小康社会新胜利而奋斗[M].北京:人民出版社,2007.

[32]《中共中央国务院关于进一步加强和改进未成年人思想道德建设的若干意见》学习读本[M].北京:人民出版社,2004.

二、主要学术、理论著作

[1]曲庆彪.现代视觉中的国学[M].大连:辽宁师范大学出版社,2007.

[2]黄蓉生.社会主义政治文明价值论纲[M].北京:高等教育出版社,2007.

[3]黄蓉生.马克思主义政治观教育研究[M].北京:高等教育出版社,2007.

[4]张世保.大陆新儒学评论[M].北京:线装书局,2007.

[5]唐君毅.中国文化之精神价值[M].南京:江苏教育出版社,2006.

[6]钱玄溟.国学经典[M].北京:中国长安出版社,2006.

[7]熊春锦.国学道德经典导读[M].北京:中央编译出版社,2006.

[8]熊春锦.中华国学道德根[M].北京:中央编译出版社,2006.

[9]成有信.教育学原理[M].郑州:大象出版社,2005.

[10]黄蓉生.青年思想政治教育专论[M].北京:中央文献出版社,2005.

[11]黄蓉生.马克思主义基本原理[M].北京:高等教育出版社,2005.

[12]黄蓉生."三个代表"重要思想专题解读[M].成都:四川人民出版社,2005.

[13]吕建福.经典文化教育[M].南京:江苏教育出版社,2005.

[14]肖川.教育的智慧与真情[M].长沙:岳麓书社,2005.

[15]黄蓉生.中国化马克思主义理论概论[M].北京:高等教育出版社,2004.

[16]黄蓉生.邓小平理论与"三个代表"重要思想概论[M].北京:高等教育出版社,2004.

[17]陈晓鸿.论人的自由全面发展[M].北京:人民出版社,2004.

[18]乔建中.中外教育经典名著速读[M].南京:南京师范大学出版社,2004.

[19]任月珍.小学生学会提问的实践研究[M].上海:上海科学普及出版社,2004.

[20]程光泉.全球化与价值冲突[M].湖南:湖南人民出版社,2003.

[21]刘小枫,陈少明.经典与解释的张力[M].上海:上海三联书店,2003.

[22]俞可平.全球化与政治发展[M].北京:社会科学文献出版社,2003.

[23]王德峰.国性与民德——梁启超文选[M].上海:上海远东出版社,2003.

[24]张汝伦.良知与理论[M].桂林:广西师范大学出版社,2003.

[25]中共中央宣传部."三个代表"重要思想学习纲要[M].北京:学习出版社,2003.

[26]〔英〕C. D. 布劳德.五种伦理学理论[M].北京:中国社会科学出版社,2002.

[27]何怀宏.伦理学是什么[M].北京:北京大学出版社,2002.

[28]江泽民.论三个代表[M].北京:中央文献出版社,2001.

[29]林崇德.小学生心理与教育[M].北京:华艺出版社,2001.

[30]陈福民.1000个怎么办:小学生素质教育 应变能力[M].杭州:浙江少年儿童出版社,2001.

[31]黄蓉生:当代思想政治教育方法论研究[M].重庆:西南师范大学出版社,2000.

[32]宋希仁.道德观通论[M].北京:高等教育出版社,2000.

[33]宋希仁.当代外国伦理思想[M].北京:中国人民大学出版社,2000.

[34]梁知.国学通鉴[M].合肥:安徽人民出版社,2000.

[35]国家基础教育实验中心.中国家庭子女教育——小学生家长读本[M].北京:中国法制出版社,2000.

[36]编委会.青少年世界观、人生观、价值观教育:小学生读本[M].北京:京华出版社,2000.

[37]王小锡等.高校思想政治工作概论[M].南京:南京大学出版社,1999.

[38]刘书林,陈立思.青年思想政治教育学原理[M].北京:中国青年出版社,1999.

[39]三经注疏·周易正义[M].北京:北京大学出版社,1999.

[40]郭建新,杨文兵.新伦理学教程[M].北京:经济管理出版社,1999.

[41]桑兵.国学与汉学:近代中外学术界交往录[M].杭州:浙江人民出版社,1999.

[42]编委会.新国学[M].成都:巴蜀书社出版社,1999.

[43]周鸿刚,缪克成.思想道德修养[M].上海:上海教育出版社,1999.

[44]郭建新,杨文.新伦理学教程[M].北京:经济管理出版社,1999.

[45][美]珍妮特·斯艾.学习的革命——通向21世纪的个人护照[M].上海:上海三联书店,1998.

[46]罗国杰.思想道德修养[M].北京:高等教育出版社,1998.

[47]中华人民共和国教育部.科教兴国动员令[M].北京:北京大学出版社,1998.

[48]胡道静.国学大师论国学(上)[M].上海:东方出版中心,1998.

[49]胡道静.国学大师论国学(下)[M].上海:东方出版中心,1998.

[50]陶飞亚.基督教大学与国学研究[M].福州:福建教育出版社,1998.

[51]王建平.中小学生挫折教育指导[M].北京:中国友谊出版公司,1998.

[52]清泉.小学生素质教育读本[M].济南:山东画报出版社,1998.

[53]回眸世纪潮——中国共产党"一大"到"十五大"珍实纪实(上中下)[M].北京:国家行政学院出版社,1998.

[54]陈雪藏.十一届三中全会以来重大事件决策调查[M].北京:中共中央党校出版社,1998.

[55]赵玉生.思想政治素质教育论述经典[M].北京:经济日报出版社,1997.

[56]周谷城.中国学术名著提要:教育卷[M].上海:复旦大学出版社,1996.

[57]陈汉才.中国古代幼儿教育史[M].广州:广东高等教育出版社,1996.

[58]徐梓.蒙学读物的历史透视[M].武汉:湖北教育出版社,1995.

[59]侯怀银.德育传统的当代价值[M].武汉:湖北教育出版社,1995.

[60]关鸿羽.小学生行为习惯教育问答[M].北京:北京师范大学出版社,1994.

[61]岑冠林.小学生思想品德修养[M].北京:北京经济学院出版社,1994.

[62]阿炳.国学宗师——胡适[M].北京:中国青年出版社,1994.

[63]朱阳、郭永钧.毛泽东的社会主义观[M].北京:人民出版社,1993.

[64]李立安、邵华泽.光辉的七十年[M].北京:中国人民大学出版社,1991.

[65]徐少锦.科技伦理学[M].上海:上海人民出版社,1989.

[66]章太炎.国学概论[M].成都:巴蜀书社出版社,1987.

[67]裴娣娜.谈小学生家庭教育[M].北京:北京师范大学出版社,1986.

[68](明)吕得胜.小儿语[M].北京:中华书局,1985.

[69]〔苏〕П. И. 艾达罗娃. 小学生家庭教育[M]. 北京：教育科学出版社，1984.

[70]〔美〕D. 梅多斯，等. 增长的极限[M]. 北京：商务印书馆，1984.

[71]〔美〕约翰·奈斯比特. 大趋势改变我们生活的是个新方向[M]. 北京：中国社会科学出版社，1984.

[72]孙应康. 中小学生心理特点与教育[M]. 郑州：河南人民出版社. 1981.

三、部分期刊论文

[1]赵加宏，张秀华. 浅谈小学生学习行为习惯的培养[J]. 中国基础教育研究，2009(8).

[2]李春香. 窥探当代日本中小学道德教育[J]. 思想政治课教学，2009(7).

[3]王鸿丽. 挖掘小学写字教学中的思想教育[J]. 中国基础教育研究[J]，2009(7).

[4]付汝义. 浅议小学语文教学中的诗词教学[J]. 读与写：教育教学刊，2009(7).

[5]廖小平. 论西方文化中未成年第人的道德景象[J]. 社会科学战线，2009(7).

[6]李绍国. 诵读经典提升小学生人格品位[J]. 小学教学参考，2009(6).

[7]宋志广、王宇中. 我国大中小学生的道德原型观及其中西比较研究[J]. 中国青年第研究，2009(6).

[8]杨邓红. 未成年第人思想道德建设研究的现状及趋势[J]. 湖北社会科学，2009(6).

[9]骆兵. 关于大学语文与国学教育的思考[J]. 现代教育科学，

2009(5).

[10]李华华.传统文化中的人文关怀与心理和谐[J].教育史研究,2009(5).

[11]李国敏.中小学生"手机热"现象的道德审视[J].教育科学研究,2009(4).

[12]容中逵.当代中国传统文化传承的三种语境[J].社会科学战线,2009(3).

[13]张文秀.关于小学生写字教学的几点思考[J].福建基础教育研究,2009(3).

[14]娜木罕.建构主义视野下的民族传统文化教育[J].云南民族大学学报,2009(3).

[15]冯粉云.浅谈小学生的养成教育[J].中国基础教育研究,2009(3).

[16]陈霞.计算机课堂教学中的德育教育[J].当代教育,2009(3).

[17]陈明强,邬长义.浅析农村小学生态道德教育模式的构建[J].浙江教育科学,2009(2).

[18]郭昕.以人为本视野中的未成年第人思想道德建设[J].学术论坛,2009(1).

[19]张维贵.论德育教育与民族传统文化[J].黑龙江民族丛刊,2009(1).

[20]赵建军.未成年第人思想道德建设生活化与规范化[J].当代教育科学,2008(22).

[21]孙静静,查政.家庭教育在未成年第人成长中的价值探究[J].中国成人教育,2008(18).

[22]孙俊强.关于实施中小学生层次化德育的思考[J].教学与管理,2008(12).

[23]王铁良.语文教学中要加强小学生中国传统节日教育[J].现

代语文,2008(11).

[24]曾爱平.时代呼唤未成年第人家庭道德责任教育[J].当代教育科学,2008(10).

[25]王子今.国学与“立人”教育[J].社会科学,2008(7).

[26]杨芳侠.弘扬传统美德开展养成教育[J].陕西教育,2008(6).

[27]贾钢涛.构建未成年第人思想道德建设长效机制的思考[J].湖北社会科学,2008(6).

[28]祖德林.关于中小学生行为习惯养成教育的研究与思考[J].中国基础教育研究,2008(5).

[29]廖小平.道德价值观的代际分化整合与未成年第人道德建设[J].浙江社会科学,2008(5).

[30]王晓慧.我国中小学生守则之传统文化涵义透析[J].基础教育研究,2008(4).

[31]廖小平.未成年第人道德建设研究及其路径的批判性审视[J].天津社会科学,2008(4).

[32]王沁.诵读经典美文传承传统文化——对小学生课外诵读古典诗文的认识与思考[J].教育革新,2008(4).

[33]王国志.浅谈中小学德育教育的意义、内容和途径[J].教育革新,2008(3).

[34]陈进华.中韩未成年第人公民道德教育比较[J].伦理学研究,2008(3).

[35]陈杰.加强未成年第人思想道德建设构建社会主义和谐社会[J].中央社会主义学院学报,2008(3).

[36]张云鹰.用国学培育民族精神[J].人民教育,2008(3).

[37]王杰康.加强未成年第人思想道德建设方法探讨[J].继续教育研究,2008(2).

[38]王晓慧.中小学生守则之传统文化涵义透析[J].班主任之

友,2008(2).

[39]马东贤.小学生仁爱品性培育的策略与途径探索[J].上海教育科研,2008(1).

[40]喻少先.巩固成果开拓进取深入开展未成年第人思想道德建设[J].基础教育改革动态,2007(16).

[41]周国平.人文精神与教育[J].青年第作家,2007(8).

[42]罗义安.加强青少年第传统文化教育是全社会的责任[J].湖北教育,2007(5).

[43]孙振民.中国传统教育文化的体认特征及其价值意义[J].理论导刊,2007(4).

[44]李桂林.激发学习兴趣,弘扬传统文化——用对联解读课文[J].现代语文,2007(3).

[45]姜君丽,刘克苏.海外当代经典教育历程调研报告[J].河南理工大学学报(社会科学版),2007(3).

[46]全翠云.引导小学生阅读古代名篇的几点作法[J].素质教育论坛,2007(02S).

[47]王雪红.对新时期小学生伦理道德教育的思考[J].教育论坛,2007(1).

[48]张秀传,周利.中小学生知荣明耻面面观[J].中国教育学刊,2006(11).

[49]朱会国.新形势下小学生思想状况和教育方法[J].中国基础教育研究,2006(7).

[50]李友唐.谈国学和让小学生从小学国学[J].教育科学论坛,2006(6).

[51]徐跃进.让学生在感恩教育中增强责任意识[J].上海教育科研,2006(4).

[52]袁梅娟.关注农村中小学生的道德环境[J].中国农村教育,

2006(3).

[53]周晓飞.儿童读经之争的背后——试论当前幼儿教育的观念混变[J].幼儿教育,2006(3).

[54]朱珊,张明红.从不同视角透视幼儿“经典诵读”现象[J].幼儿教育,2006(3).

[55]刘梦溪.论“国学”[J].中国文化,2006(2).

[56]姚海涛.关于读经的反思[J].管子学刊,2006(2).

[57]陈光培.中小学生思想道德教育的思考[J].中国教育学刊,2006(1).

[58]熊贤君.现代中国国学教育运动形成原因破译[J].华东师范大学学报(教育科学版),2006(1).

[59]熊贤君.民国时期的国学教育及价值解读[J].民国档案,2006(1).

[60]陈凤伟.小学生问题解决能力的评价研究[J].北京教育研究,2006(1).

[61]吴亚林.论学校教育的文化价值构建[J].中国地质大学学报(社会科学版),2006(1).

[62]王熠辉.国学教育一重铸我们的文化脊梁[J].教育与职业,2005(34).

[63]吴锋.传统传承的价值分析[J].苏州大学学报(哲学社社会科学版),2005(11).

[64]朱仁宝.论中华民族传统文化的教育价值[J].浙江社会科学,2005(9).

[65]赵天安.新加坡是这样对中小学生实施道德教育的[J].思想政治课教学,2005(7).

[66]余党绪.阅读经典涵养人文[J].语文学习,2005(6).

[67]谈心洁.要培养小学生的耐挫力[J].中国教育学刊,2005(5).

[68]冉乃彦.1987年和2004年两次小学生诚实品质调查的比较研究[J].教育学报,2005(4).

[69]孙邦华.试论北京辅仁大学的国学教育[J].北京社会科学,2005(4).

[70]刘克苏.经典诵读十年第复兴录[J].北京教育,2005(4).

[71]王英斌.二成日本中小学生讲迷信[J].外国中小学教育,2005(3).

[72]阎光才.清华国学院的浮沉及其在当代学术界的价值[J].学术界,2005(2).

[73]任继愈.经典教育:孩子们的"维生素"[J].北京教育,2005(2).

[74]课题组.读经典的书做有根的人——"亲近母语"实验课题研究概述[J].语文教学通讯,2005(1).

[75]肖云儒.经典文化五题议[J].中国艺术报,2004-12-10.

[76]薛涌.走向蒙昧的文化保守主义[J].南方周末,2004-7-8.

[77]于展进、代清丽.浅谈小学生道德素养[J].当代教育科学,2004(7).

[78]刘晓东."儿童读经运动":违背科学的主张,复古倒退的教育[J].学前教育研究,2004(5).

[79]董文才.小学生思想品德教育要注重针对性、实效性[J].教育探索,2004(3).

[80]钱国旗.文化经典与人文教育[J].青岛大学学报,2004(3).

[81]刘晓东.儿童教育中的南辕北辙——兼评幼儿读经现象[J].学前教育研究,2004(3).

[82]蒲芬.儿童读经益处多[J].云南教育,2004(2).

[83]李荣华.学校教育中的学生心理伤害探析[J].教学与管理,2004(1).

[84]潘庆玉.全球化语境中的经典教育[J].当代教育科学,2003(12).

[85]董光恒、郭俊汝.当前中小学生责任心弱化的原因浅析及教育对策[J].社会心理科学,2003(4).

[86]杨绍秋.中小学生道德教育的思考与建议[J].中小学教育与管理,2002(6).

[87]邹晓梅、姜艳.论儿童启蒙读经在教育中的作用[J].松辽学刊,2002(4).

[88]蒋波.中小学生品德评价的误区与对策[J].教学与管理,2002(3).

[89]黄松诚,姜绍绩.学习"以德治国"重要思想改革中小学生品德评定标准[J].教育探索,2002(4).

[90]刘智.试析小学生的个性实际与道德教育[J].辽宁教育研究,2001(10).

[91]张善海.浅谈体罚学生的违法性——兼与王平同志商榷[J].教学与管理,2001(8).

[92]卢有见、周小川.小学生道德认知与社会行为分析[J].上海教育科研,2001(4).

[93]段虹.马克思世界观的转变与其人学思想的发展[J].理论探讨,2001(04).

[94]贾美华.社会课教学与小学生适应社会生活能力的调查分析[J].学科教育,2001(1).

[95]张基广,夏祖瑞.对小学生进行法制启蒙教育[J].学校党建与思想教育,2000(9).

[96]罗纬红.谈小学生的道德启蒙教育[J].福建教学研究,2000(3).

[97]张雨海.对旧蒙学教材中精华与糟粕的梳理及有关思考[J].长春大学学报,1999(6).

[98]张光富.小学生情感特点研究[J].中国教育学刊,1998(2).

[99]傅谨.面对经典:二十世纪的文化态度[J].浙江社会科学,

1995(3).

[100]陈德燊,张宏.小学生孝敬父母道德发展状况的调查研究[J].中国教育学刊,1994(3).

[101]孙实明.论先秦儒家的道德修养方法[J].孔子研究,1992(4).

[102]郑云恒.教育的价值[J].教育探索,1987(1).

[103]郑振铎.中国儿童读物的分析[J].文学,1936(7).

作者参加学术活动、课题研究及主要科研成果和获奖情况

一、参加学术活动情况

1.1990 年 8 月，北京，参加全国心理卫生协会心理咨询专业委员会成立大会。

2.1991 年 5 月，四川南充，参加四川省高校心理咨询研究会暨高校青年德育工作者协会成立大会，当选理事、副秘书长，并在大会作心理咨询报告。

3.1993 年 7 月，庐山，应中国高校心理咨询研究会副会长、浙江大学马建青教授之邀给“全国心理咨询理论与技术培训班”讲学。

4.1998 年 12 月，重庆，重庆市党的建设研究会成立，任理事，2000 年 3 月增补为副秘书长，协助会长处理日常工作。

5.2006 年 11 月，北京，参加全国首届“中国教师培训论坛”并作了《构建区域中小学教师立体研修模式》交流发言。

6.2007 年 4 月，重庆，主办特色教育研讨会，发表主题演讲，正式提出“国学江北”概念，“国学江北”成为重庆市江北区教育特色，重庆市教委两次发文件，号召全市大、中、小学要按照“国学江北”模式开展经典诵读活动，并把江北区确定为经典诵读试验区。

7.2008 年 4 月，重庆，参加西南大学举办的“当代大学生诚信制度建设及加强大学生思想政治工作研究”全国博士生论坛暨学术

研讨会。

8.2008 年 9 月 18 日，重庆，主办 2008 重庆江北教育发展战略论坛，并发表“实施阳光教育，建设和谐江北”主题演讲，正式提出“阳光教育”理念。

9.2009 年 1 月，重庆，参加西南大学举办的“改革开放 30 周年研讨会暨博士生论坛”。

10.2010 年 3 月 9 日，广州，参加英国大使馆举办的中英文化交流研讨会，作“道德领导力与国学教育”的专题发言，对道德领导力的作用，国学教育及从中汲取道德领导力的营养等内容作了阐述。

11.2010 年 3 月 28-29 日，苏州，参加教育部召开的全国“中华诵：经典诵、写、讲”试点工作研讨会并作重点交流发言。

12.2010 年 11 月 22 日，重庆，应邀出席中国西部（重庆）第二届教育发展论坛并发表“新区域教育：从激情创造走向文化自觉”的主题演讲，正式提出“新区域教育”概念，受到与会专家的高度评价。该演讲以“新区域教育的三个基本特征”为题在《中国教育报》2011 年 1 月 21 日基础教育版发表。

二、参加课题研究情况

1. 主研：“大学生心理咨询与治疗”，四川省教委青年重点科研项目，1989 年 8 月立项，资助科研项目费 3000 元。

2. 主持：“区域推进中小学国学教育的实践研究”，全国教育科学“十一五”规划课题，2009 年 3 月立项。

3. 参研：“当代大学生诚信制度建设及加强大学生思想政治工作研究”，教育部 2006 年哲学社会科学研究重大课题攻关项目，黄蓉生教授主持。

4. 参研：“学习宣传贯彻党的十七大精神和纪念改革开放 30 周年”，教育部 2008 年理论研究（委托）课题，黄蓉生教授主持。

5. 参研：“改革开放以来大学生思想政治教育研究”，重庆市2008年哲学社会科学研究重大课题委托项目，黄蓉生教授主持。

6. 参研：“把社会主义核心价值体系贯穿到大学生思想政治教育全过程研究”，教育部2009年人文社会科学研究专项任务项目（马克思主义大众化），黄蓉生教授主持。

7. 参研：“提炼社会主义核心价值观研究”，重庆市2009哲学社会科学重大委托项目，何事忠教授、黄容生教授主持。

三、主要著作

1. 主编：《大学生心理咨询与治疗》（33万字），四川教育出版社1992年12月出版。1992年1月8日，四川省教育委员会派副主任张凤山教授率领7位国内著名的心理学专家、教育学专家、医学专家、学生工作专家、出版专家黄希庭教授、曾欣然教授、冯刚教授、凌永和教授、卢开运教授、韦其民编审到四川外语学院对这一课题进行了鉴定，认为该课题是国内第一部这方面的专著，“填补了国内大学生心理咨询与治疗研究的空白，为学科建设作出了贡献”。

2. 主编之一：《新时期高等学校学生党支部建设》（15万字），重庆大学出版社，1994年9月出版。

3. 合著：《咨询心理学》（63万字），中国科学技术出版社，1992年9月出版。

4. 合著：《大学生心理与德育》，中国矿业大学出版社，1991年9月出版。

5. 合著：《新的探索——社会主义市场经济条件下高校学生工作理论与实践》，西南师范大学出版社，1995年10月出版。

6. 合著：《先烈血凝万代心》，西南师范大学出版社，1996年11月出版。

7. 合著：《组工调研文集》——《重庆市国有大中型企业领导人

员政治业务素质状况的调查》，党建读物出版社，1998 年 6 月出版。

8. 主研：《组工调研文集》——《中外合资合作经营企业中方股权代表管理研究》，党建读物出版社，1999 年 11 月出版。

9. 主研：《组工调研文集》——《非公有制企业党的工作问题研究》，党建读物出版社，2000 年 12 月出版。

10. 参编：《重庆市情》撰写党组织部分，重庆出版社，2000 年 6 月出版。

11. 主编：《弟子规・声律启蒙》。重庆出版社，2008 年 9 月出版。

12. 主编：《论语・孟子・学记》，重庆出版社，2008 年 9 月出版。

13. 主编：《老子・庄子・大学・中庸》，重庆出版社，2008 年 11 月出版。

14. 参编：《当代大学生经济生活诚信制度》、《当代大学生诚信制度体系研究》，中央文献出版社，2009 年 10 月出版。

15. 参编：《30 年大学生思想政治教育的发展》、《改革开放 30 年大学生思想政治教育若干问题研究》，西南师范大学出版社，2009 年 12 月出版。

四、主要论文

1. 独著：小学国学教育区域化推进研究——以重庆市江北区为例，《教育研究》2010 年第 1 期。

2. 独著：试论心理咨询与思想政治工作的关系，《四川外语学院学报》1992 年第四期，人民大学报刊复印资料《思想政治教育》1993 年第 2 期全文转载。

3. 独著：心理治疗法初探，《四川师范学院学报》1990 年第三期，人民大学报刊复印资料《心理学》1991 年第 1 期转载。

4. 独著：大学生心理健康状况调研，《西南交通大学学报》1992 年第 3 期。

5. 独著：大学生心理健康状况调查——487 例 SCL——90 测评资料分析，《探索、实践、改革、创新》论文集，成都科技大学出版社 1994 年 10 月出版。

6. 独著：高校心理咨询研究的几个问题，湖北《青年心理咨询》1991 年第 2 期。

7. 合作：论高校学生思想政治工作的科学化，《四川外语学院学报》高教研究专版 1996 年增刊。

8. 独著：男女出生比例失调的调查报告，中国社科院主办《婚姻与家庭》杂志 1986 年第 1 期。

9. 独著：构建区域中小学教师立体研修模式，《师资建设》2006 年第 6 期（总 94、95 期）。

10. 独著：社会主义核心价值体系内容的内在统一性刍议，《伟大的创举："纪念改革开放三十周年博士生论坛"研究文集》，西南师范大学出版社 2009 年 5 月出版。

11. 独著：理性执政，与时并进——读《新加坡为什么能》有感，《江北宣传工作》刊发，成为江北区首篇被刊发的处级干部读书心得。

12. 独著：新区域教育的三个基本特征，《中国教育报》2011 年 1 月 21 日基础教育版。

还在共青团四川省委主办《学生工作导刊》（3 篇）；团重庆市委主办《希望导报》（1 篇）；重庆经济广播电台（5 篇）等全国、省市报刊、电台、学术会议上发表交流文章多篇。

五、获奖情况

1. 主编：《大学生心理咨询与治疗》（33 万字）获四川省人民政府第六届哲学社会科学成果评比三等奖（1994 年），1995 年获四川外语学院第一次社会科学优秀成果评比荣誉奖。

2. 参编：《先烈血凝万代心》获 1997 年重庆市优秀图书奖。

3. 参研：《重庆市国有大中型企业党政领导人员政治业务素质状况调查》获中共中央组织部 1997 年调研成果二等奖。

4. 主研：《中外合资合作经营企业中方股权代表管理研究》获中共中央组织部 1998 年调研成果二等奖。

5. 主研：《非公有制企业党的工作问题研究》获中共中央组织部 1999 年调研成果三等奖。

6. 独著：《基础教育的科学发展》获 2005 年度重庆市江北区领导干部理论调研论文一等奖。

7. 独著：《浅论基础教育科学发展的内在前提和外在关键》被推荐参加重庆市江北区青年人才论坛演讲，获三等奖。

8. 独著：《创新德育机制和方法切实加强和改进我区未成年人思想道德建设》获 2005 年重庆市中小学思想道德建设研究成果二等奖。

9. 独著：《国学在新时期的社会价值和教育功能》获 2006 年度重庆市江北区领导干部理论调研论文一等奖。参加江北区青年人才论坛初赛、决赛并推荐到重庆市人才论坛组委会。

10. 独著：《弘扬国学文化，建设人文重庆》获重庆市委组织部、重庆市人事局、共青团重庆市委 2007 年中国重庆青年人才论坛优秀论文入围奖。

11. 独著：《为早日实现教育现代化而努力奋斗》，被重庆市江北区评为 2009 年度“头脑风暴”行动优秀读书心得一等奖。

12. 独著：学习心得获中共重庆市委党校、重庆行政学院 2009 年第二期主体研讨班成果交流三等奖。

13. 独著：《理性执政，与时并进——读〈新加坡为什么能〉有感》获重庆市江北区处级领导干部读书心得一等奖（全区两篇）。

后　　记

人的生命总是在时间流逝中延续，因为延续而闪射着光华；人的生命也总是在工作学习中压缩，因为压缩而提高了生命的质量。三年的博士学位学习时间一晃而过，蓦然回首，好像学了不少东西，又好像还有很多没有学懂。

攻读思想政治教育专业的博士，是我人生的又一个里程碑。自2007年开始就读博士学位以来，我刻苦学习，虚心求教，从导师严谨治学的风采中学会了怎样学习，怎样做人，怎样工作，在许多方面取得了不小的进步。

在就读博士研究生期间，我深入研读思想政治教育理论，认真学习中国特色社会主义理论、科学发展观、建设和谐社会等理论，结合所学专业和工作实践，领悟党的路线、方针和政策，根据重庆市城乡统筹综合配套改革试验和重庆市江北区中小学教育改革与发展的需要，使所学的理论结合实际，提高自己的政治思想水平，提升自己对思想政治教育专业多种课程的学习力和实践力。特别是在实践方面，2007年以来，作为区域教育行政的主要领导，提出并实施了“国学江北”工程，形成了“国学江北”的区域教育特色，初步使“国学教育”成为重庆市江北区的教育品牌，得到重庆市委主要领导的肯定，重庆市江北区也被重庆市教委审批为全市五个“经典诵读试验区”之一，并被市教委推荐到教育部参选全国试验区，参加了教育部召开的“中华诵：经典诵、写、讲”试点工作研讨会，在会上介绍了重庆市江北区开展经典诵读的情况，产生了良好的社会影响，为重庆市的“唱读讲传”做出了江北教育人的贡献。2008年我们成功举办教育发展战略论坛，推出了“阳光教育”的区域教育理念，成为指导我区教育城乡统筹、均衡发展、教育教学管理以及重庆市江北区师生思想道德教育的核心理念。2010年应邀出席中国西部（重庆）第二届教育发展论坛并发表“新区域教育：从激情创造走向文化自觉”的演讲，提出了“新区域教育”概念，受到与会专家的高度评价。

在教育科研方面，本人于2008年8月，成功申报并主持全国教育科学“十一五”规划课题“区域推进中小学国学教育的实践研究”，主编了《国学经典选读》共三册教材，纳入重庆市江北区小学的课程计划，2010年第一期《教育研究》发表课题成果论文《区域推进小学国学教育研究——以重庆市江北区为例》。由此，我将博士学位论文的选题确定为“我国小学生思想道德教育中的国学教育研究”，并进行了认真的研究和实践，取得了初步的实践效果。攻读博士期间我还撰写发表了《社会主义核心价值体系内容的内在统一性刍议》、《30年大学生思想政治教育的发展》等文章，参加编著了《当代大学生诚信制度体系研究》一书。在新华网做客，介绍重庆市江北区开展“国学江北”工程的情况与经验，2009年我本人撰写的《理性执政，与时并进——读〈新加坡为什么能〉有感》获重庆市江北区处级领导干部读书心得一等奖（全区两篇）；撰写的《国学在新时期的社会价值和教育功能》获得2006年度江北区领导干部理论调研论文一等奖，区青年人才论坛初、决赛并推荐到市人才论坛组委会；撰写的《弘扬国学文化，建设人文重庆》获重庆市委组织部、重庆市人事局、共青团重庆市委2007年中国重庆青年人才论坛优秀

论文入围奖；撰写的学习心得获中共重庆市委党校、重庆行政学院2009年第二期主体研讨班成果交流三等奖；撰写的《为早日实现教育现代化而努力奋斗》，被区委评为2009年度“头脑风暴”行动优秀读书心得一等奖。

在攻读博士学位的三年期间，给我留下最深刻印象的是我的导师黄蓉生教授，她治学严谨，总是谆谆教诲我们，思想政治教育关系到立人、立国、立党，意义重大，关系重大，不可不力求精通，孜孜追求。黄蓉生教授学识渊博，在思想政治研究领域造诣精深，这更鞭策着我们奋发努力。在指导我撰写博士论文的过程中，黄蓉生教授常常一针见血地指出我论文中的缺陷与漏洞，并循循善诱，指点我修正。如果说我的博士论文还能够表达我的一些想法，还能够把我区小学生思想道德教育中国学教育的实践进行粗浅的归纳，都应该归功于黄蓉生教授的悉心指点和帮助。

值得欣慰的是，我攻读博士学位期间，重庆市江北区教委因“国学江北”工程及教育教学质量的提升所产生的影响，被中共重庆市江北区委、区政府授予重庆市江北区2009年度最高荣誉——争光贡献奖，我个人被区委推荐到市里参评2010年度重庆市争光贡献奖，重庆市江北区教委机关被授予“学习型、创新型”机关，区教委领导班子2007年、2008年连续两年被区委、区政府评为先进班子。2008年我本人获重庆市人民政府“两基”工作先进个人称号，2008年被评为市教育党工委、市教委教育政策研究先进个人；2009年被共青团重庆市委评为重庆市星星火炬奖获得者；被区委、区政协授予重庆市江北区2007—2009年度优秀政协委员；2010年被市教委、市政府教育督导室被为先进个人；2010年被重庆市委、市政府、重庆警备区评为国防教育先进个人。

最后，向我的导师黄蓉生教授以及攻读博士学位期间所有教导过我的老师们致以最诚挚的敬意！向我的师弟、师妹们给予我的帮助表示衷心的感谢！向我在课题实践研究过程中给予我无私帮助的领导、朋友和同事们表示由衷的谢意！最后，我要把特别的感激送给我的夫人——重庆医科大学唐俐博士，感谢她承担了一切家务，让我在工作之余潜心学习。我不能辜负，我唯有努力！